U0895596

平成史讲义

[日]吉见俊哉——编著

奚伶——译

東方出版中心

中文版序

“平成”30 年始于 1989 年，止于 2019 年。在日本，至今仍保留着以天皇更替来划分时代的习惯，但这并非由于日本现在还将天皇作为国家“元首”来尊重。现在，日本人尽管在日常生活中几乎意识不到天皇，但仍继续使用着“年号”。

这是个相当奇妙的习惯，其理由我在本书日语版序言进行了分析。一言以蔽之，一方面人们心怀希望，试图通过“年号”划分历史来与过去作一了断，而另一方面“明治”（1868—1912）与“昭和”（1926—1989）拥有极为重大的意义。这与中国读者们将“革命”与“改革开放”视为重要历史节点有些相似。

当然，昭和因 1945 年日本战败分为前期与后期，因此昭和后期为“战后”，也经常被日本人视为重大的时代分期。

这样的“昭和”落下帷幕，也意味着“战后”终结，“平成”紧接而来，这对日本人而言绝非“幸福的时代”。20世纪80年代达到顶峰的泡沫经济崩溃，日本经济开始了一段探不到底的失速下降。1995年发生阪神淡路大地震，奥姆真理教发动恐怖袭击。政界传统的“保革对峙”瓦解，进入了媒体作秀左右选举结果的迎合政治时代。然后，人口结构的超少子老龄化无法阻止。

换言之，“平成”意味着从“明治”起经历二战战败至“昭和”终结为止一直持续的现代化过程画上句号。这一个多世纪的日本，二战前是信奉侵略主义的帝国，二战后摇身变成为仅次于美国的经济大国，一直持续居于亚洲现代化的前列。这样的日本近现代就突然与“平成”一起戛然而止了。

平成30年间，中国实现了翻天覆地的发展。1997年邓小平去世，同年香港回归中国。11年后，2008年发生汶川大地震，同年举办北京夏季奥运会。中国的历史在这30年间也可大致以每10年为单位进行分期，而基调则与日本完全相反。

也就是说，日本所言的“平成”30年间，东亚的主角从日本一下子转到中国身上了。日本的退场，意味着中日甲午战争以来约一个世纪左右的东亚“日本时代”落下帷幕。而且日本再也不会成为东亚的主角。因日本影响力的下降等原因，未来的东亚将会是“中国时代”。

中国的读者们阅读“平成”日本的历史，并非从以中国为中心的视角出发，而是以日本这一他者的视角来看待这一巨大历史变动。现代化迎来极限，少子老龄化难以遏制，经济增长也无法持续——邻国到底发生了什么？如果说日本1945年的战败是纵容侵略主义、鲁莽发动战争的军事国家的失败结局，那么日本整个“平成”30年间的衰退，则是达成现代化的社会作为其现代化成果的对外收缩过程。

我们社会的未来便存在于其中，它不同于以往的“发展”与“成长”。比如，人口结构的变化不仅发生在日本，中国将来也会发生。灾难的多发恐怕预示着21世纪地球的未来。年轻人群的思想差距在中日之间也已经缩小。到21世纪中叶，成长与现代化的过程将会到达极限，到那时，“平成”日本的种种变化在亚洲各地普遍显现。本书作为一个了解日本的窗口，希望在中日知识分子、学生、普通民众之间能够激发起看清亚洲后现代的活跃对话。

吉见俊哉

写于全球疫情期间的日本七夕之日

2020年7月7日

目录

前　言

吉见俊哉

“平成”距离现在太近，可能有读者认为从我们的视角它还不足以作为“历史”来叙述。平成确实已经走向终结，它的起始点和终点不再有任何变化。然而，即使起始点和终点确定，这之间用什么样的线连接，并没有板上钉钉。当然，“昭和”和“明治”作为“历史”叙述时也是同样道理，只不过在现有各类叙述中，昭和史、明治史的叙述安排比如支配式叙述与对抗式叙述之间的关系已经定型。但是，只要我们仍没无限接近连接终点的那条线，“平成”的叙述根基依然不够深厚。总之，“平成”作为“历史”来叙述，必须具备深厚的叙述基础且能够给未来以启迪。

与叙述其他各种时代一样，关键在于并不是将平成“史”放在一个框架下叙述，而是使用多种叙述框架。即便如此，恐怕“平成”也会出现支配意味的叙述和与之对抗的叙述。平成的主流叙述大概始于泡沫经济破灭。“平成”始于东京证券交易所指数38915点的泡沫经济顶峰，很快就迎来一个最终走向破灭的时代。山一证券倒闭，北海道拓殖银行、日本长期信用银行及家电制造商相继破产。从这一意义而言，平成史是一部经济破产的物语，造成这一宿命的是全球资本主义。平成史归根结底就是一部全球资本主义发展进行史。

另一个“平成”可能已是司空见惯的叙述——阪神淡路大地震与东日本大地震。地球这一有限环境体从地壳活动的平静期（也偶然与战后日本的半世纪重合）转移至活动期的过程中发生了这两起地震。灾难之中，又或与之共振似的，前者发生后不久突发了奥姆真理教事件，后者引发了福岛第一核电站事故。这些冲击和恢复原貌或后遗症不断的“灾后”过程，贯穿了整部平成史。

针对以上两部“平成史”，本书提出了一个更为政治学、社会学的课题——在全球资本主义与自然灾害这些巨大外部力量的作用下，平成的历史主体是谁，其中的每个人与组织置身于何种状况下，与何种社会运营重合。从这一课题出发，本书尝试探讨天皇、政府和政客、官僚和行政机构、企业和员工、青年人群、对抗势力、新闻媒体、中产阶层等各类群体如何经历平成时代，又如何试图介入影响该时代。通过这些多样的历史主体，透视“平成”时代，并勾勒出其变化中的复合性样貌。

当然，诚如第一讲回顾“平成”开启即“昭和落幕”所言，整体而言平成是失败的30年。回顾这30年间泡沫经济崩溃与一连串的企业破产、震灾对策与核电政策的失误所造成的巨大损失，这样一个从天到地、失败不断的时代，在过去的日本并不多见。强行比较的话，我们无奈感受到与20世纪30年代程度相当的遗憾。那时日本对中国大陆的侵略战争愈陷愈深，甚至日美开战，战败迹象明显的情况下将无条件投降的机会一拖再拖。因此，有人将平成视作“第二次战败”也存在一定道理，但如果将此理解为“对美战败”，便无法看清这一时代的困难根源。

日本曾经的战败并非始于1941年12月8日的日美开战，至少是从20世纪30年代初在中国大陆陷入愚蠢战争那一刻开始的。同样，平成日本的“失败”，其原点至少得追溯到20世纪70—80年代，那一时期日本实现高速成长，摸索着后成长期的自我发展形态。当然，在此也有必要提及这两个“失败”时代中天皇自身对历史的行为所表现出的鲜明对比。

平成时代确实是“失败”与“挫折”的时代，反之而言也是“改革”与“挑战”的时代。在第二讲，平成政治的“改革”，均是来自确立“55年体制”的昭和政治的“折射”。换言之，如果说昭和政治建立于稳定的、军事负担小的国际环境和持续的经济增长以及确立的官僚机构，那么所有的这些条件都在平成30年间崩溃了。由于美国的经济阴影与冷战体制的终结，日美关系发生质变，泡沫经济崩溃的同时经济持续增长这一前提也残忍瓦解，一方面全球化进一步发展，另一方面首相官邸的领导功能被强化、官僚机构空心化加剧。平成的政治改革始于选举制度改革，它在某些方面是自我粉碎昭和政治前提的尝试。桥本政权的行政改革以后，从小泉政权、民主党政权到安倍政权期间的政官关系变化，始终在政治方向性差异框架下开展。

另一方面，整个平成年间官僚机构空心化，在各个层面导致功能失调。昭和年间，即使政治家无能，日本的官僚也被认为是“优秀”的。但进入平成时代，行政无法恰当应对泡沫经济的崩溃，贫富差距与社会不安也持续增大，民众对官僚机构的不信任也在扩大。同时，由于人口减少，“可能被撤销行政区划”的地区不断增加，地方自治体也失去了往日的活力和可靠性。正如第三讲所述，虽然尝试了各种各样的改革，但整体而言平成时代的国家和地方官僚弱化加剧，封闭和弱肉强食的状况蔓延。

一方面行政走向空心化和闭塞，另一方面企业又发生了什么样的变化呢？第四讲重点讨论企业的变化，尤其以劳资关系为焦点开展叙述。除此之外，企业的管理也在整个平成时代发生了很大变化。软银、乐天等 IT 界巨型新兴企业崛起，由无数年轻人创建的风险投资企业也登场，彻底改变了日本一贯的企业文化。另一方面，旧有的日本大企业管理，现在依然在变化中。20 世纪 90 年代末所发生的大型证券与大型银行的倒闭风潮，正是泡沫经济时期投资过热及其各种不正之风转为负面影响的结果。2010–2019 年巨型企业的解体，尤其是收购美国威斯汀豪斯公司后东芝解体过程、被法国雷诺公司救济后日产汽车确立卡洛斯·戈恩独裁体制的过程，均暴露出平成时期大企业管理上根深蒂固的困境。

了解政府和行政、企业的“政财官”三领域在平成时代的各类状况后，本书转向年轻人与对抗势力、新闻媒体、中产阶层去思考大众平成史。第五讲验证了前文提及的昭和政治崩溃所对应的战后日本式“人的循环模式”在20世纪90年代瓦解。这一模式具体是男性通过企业的长期雇佣与按资排辈的工资支撑家庭，家庭对孩子的教育投入巨资，孩子们最终通过应届毕业统一录用的方式不间断进入企业，从而形成循环。这使得同时代年轻人的社会定位与自我意识出现决定性转变。总的来说，生活的拮据程度增加了，收入差距也拉大了。第五讲敏锐指出，将平成经济萧条的原因归结于年轻人“劣质化”的观点使得政策在年轻人就业应对上滞后，导致支持民众人生的新社会系统的构建不够彻底。将年轻人的成败归结于其自身的社会风气，使“‘胜者为王’所表现的残酷与理想同步交织的现实主义渗透到年轻人之间”。

与教育一起构成日常生活基础的是媒体。第六讲整理了媒体的变化，将平成前期视为多媒体化、多频道化的浪潮，后期视为数字化、全球化的浪潮。平成的媒体史可以总结为一个网络广泛深入我们生活的过程。从大众媒体时代到互联网时代的转变，将大众媒体从信息垄断的绝对地位上拉下来，任何人都是信息发送方的意识得以广泛传播。而且，这样的信息发送“民主化”从根本上打破了一直以来新闻媒体业以“事实”为前提的观念。在匿名的情况下谁都能成为信息发送方的网络空间里，增加的是那些“街头巷尾八卦”级别的新闻，比起确认它们的真伪，将符合自身兴趣和情感的信息作为“新闻”来优先接收或发送已成为这个世界的主流了。结果，不知是否属实的信息作为新闻在网络社会泛滥。在依赖广告收入的网站上，点击率是成败的关键，为此在这类信息的收集上真伪不重要，只要夺人眼球就行。

在以上贯穿整个平成时代的雇佣与教育、媒体的环境变化中，我们主体的建构方式已经发生很大变化。第七讲和第八讲讨论了整个平成时代社会主体的构成，与那些主体的观点表里不一，以充满矛盾的方式变化，且状态混乱。比如第七讲论及“自由主义”范畴将此前的“革新”取而代之，随着对“保守”主体认定的极端化，日本遗忘并丢弃了社会性的某些东西，从而产生了某些混乱，该讲以非断定的口吻描述了这些混杂世相。然后第八讲论及 20 世纪 90 年代以后主体范畴的混乱导致中层、中产及“中”相关的所有范畴也遭到波及，通过这样的乱象，平成的民粹主义与民族主义、新自由主义的效率主义重新结合。

最后，第九讲和第十讲回到了最初提及的全球化问题。第九讲从国际秩序、日美安保体制、世界观的变化三个方面论述冷战结束给日本所造成的影响。我们这次从全球化的角度思考第二讲提出的“55 年体制”崩溃的意义。重要的是，进入后冷战时期，日美军事同盟得到强化，同时围绕自卫队的国民意识也发生了变化。最后的第十讲关注冷战结束后再次作为世界霸主露出暴力之容的美国这个他者在战后日本的自我中如何定位且这一定位如何发生变化，并加以论述。

综上所述，本书的策划一方面与一个先验型“平成”时代进行区分并划清界限，另一方面表明这一名称所指的时代正逢世界历史的巨大转折期，全球史的历史潮流与国家时代意识的变化及各项制度改革，呈现挫折与失败相互交错的局面。“平成”，不同于全球帝国主义潮流下日本追求成为亚洲霸权国家的“大正”到“昭和”前期，与冷战体制中“美国的保护伞”下才能维持现状的“昭和”后期也有所不同。本书对“平成”从其内外蠢蠢欲动的主体一侧进行了回顾。

第一讲　昭和落幕

◎吉见俊哉

✜ “平成史”存在吗？

“平成史”存在吗？被称为“平成”的时代始于 1989 年 1 月 8 日，结束于 2019 年 4 月 30 日。这一时期正好持续了 30 年。“大正”15 年，“明治”45 年，“平成”的长度恰好居于两者正中。这一年号的长度在日本史上依次位于“昭和”“明治”“应永”之后，排名第四。“平成”在日本史上意外属于时期较长一类的年号。仅看近代，以“大正”的 15 年为基数，“平成”为其两倍，“明治”为其三倍，“昭和”约为其四倍。“明治”改元“大正”时确实有时代更替的感觉，进入“昭和”时代一开始也大受民众祝福。

然而，人的一生不可能与社会历史的始终总是保持同步。在古代王国，人们确实幻想着国王的治世与国家命运连接在一起，两者可能也存在一定程度的呼应。即便如此，当侵略、灾害、瘟疫等突然在国王的人生中降临时，资质优异国王的治世并不一定是幸福时代，在残暴荒淫的国王执政下人们也有可能过得幸福。更何况在现代社会，很多国家统治者的任期相对较短，日本天皇的象征性存在将其人生与历史挂钩，有其不合理之处。

尽管如此，日本目前面临“平成结束”，流传着许多“平成”到底是什么的说法。当然，本书也是其中之一。一般而言，为了吸引更多观众和读者，提起更多人共同关注的话题是非常有利的，“平成结束”不论是与“昭和结束”相比，还是存在天皇“退位”这一新基准，对媒体来说都是一个存在极大市场价值的话题。

然而，“平成结束”是种幻觉。由于媒体的大肆宣传，“平成”表面上像一个统一的时代，却只不过是眼前这副眼镜显现的一种“现实”而已。

那么，我们是否认为“平成史”并不存在，仅仅是大众媒体的自我狂欢而应该摒弃“平成史”？至少本书的立场并非如此。即使是眼前这副眼镜显现的这种“现实”，说明眼镜与“现实”之间的关系也是有意义的。随着全球化和信息化的发展，天皇在位期间与时代变化越来越脱钩，但人们却将“平成”当作一个时代来谈论，试图以此来界定自身现状。这其中有每一人的执念，加上眺望历史的这副眼镜，产生了一定的说服力，就这一点而言，本书有可能将我们生活时代的力学关系在一个中期视域呈现出来。

✣ 超越“清算”历史观

另一方面，时至今日人们试图用“平成”的尺度来把握时代的根底存在着“清算”的思维。一般社会上记录年份的方法有两种。一是像公历那样的线性方法，从某一事件发生的年份开始表示经历过的年数。二是像干支一样以规定年数循环的方法。而年号则通过新君主即位或象征性的仪式对过去的历史进行清算，从而开启新的历史篇章，由此可见，年号接近于循环法。此处的要点在于“清算”历史这一想法，“明治”与“大正”，“昭和”与“平成”，无论对哪段时期进行分割，都与曾经使用“焕然一新”（御一新）一词来埋葬“江户”的方法存在相通之处。无论历史客观条件如何变化，人们欲将“平成”概括为一个统一的时代，为连续的历史带来“清算”的契机，将过去埋葬于彼岸。

然而，我们所生活的现代，“清算”式的历史原本是不成立的。未来存在于过去的连续与切断的交错之中。“平成”是与其语义相悖的、失败与危机连续不断的时代，但它的失败与危机的源头都可前溯至昭和以前。与其探讨“平成”本身，不如将其理解为“昭和”的折射，某种意义上而言“昭和”与“平成”是连续的。在20世纪后半叶至21世纪的世界历史浪潮中，无论是“昭和”还是“平成”，都不过形成了同一时代的不同局面，毫无证据表明天皇的更迭能够切断这一趋势。

另一方面，我们将开启“平成”的、始于1989年前后的这30年，作为日本现代史的决定性转折点也并非不可能。唯有全球化，才是贯穿这一时代最为重要的因素。新自由主义与全球资本主义吞噬了后冷战的乐观氛围，在国民国家产生的无数裂痕中，贫困、恐怖主义、新种族主义抬头。而网络社会，无疑是另一个贯穿这一时代的决定性因素。

现实与虚拟相融合，随着后者的影响力迅速扩大，现有的很多制度均陷入功能不全的境地。加之人口结构急速变化，整个社会在少子老龄化加剧的情况下迎来持续不断的危机。总而言之，先这样概括“平成”：在全球化、网络社会化、少子老龄化的趋势下，战后日本社会所构建起来的要素走向崩溃，虽尝试打破这一局面却又不断遭受挫折。所谓平成史，是指开启于亢奋高涨的泡沫经济同时却具备了崩溃、挫折、失败、萎缩、危机等特征的苦难 30 年。

因此，我们有必要以不同于历史“清算”的方式对平成史进行总结，而不应该用“平成就是这样的时代”等说法来清算过去。“平成”的 30 年，一言以蔽之，即“失败的历史”，它那些无可救药的失败反复诉说着我们自己的“失败史”。现在时代即将迎来新的转机，只有对这段“失败史”进行总结，才能推导出通向未来的持续性转换方针。

最重要的是，“平成”这 30 年，世界历史正逢重大转折期，全球史的洪流与民族主义的时代意识相互交叉，矛盾不断扩大。对多数日本人而言，已是一段得而再失的经历了。在过去 30 年里，一度被认为能够永远持续下去的“战后日本式的要素”轻易瓦解、远去。面对崩溃，日本社会挣扎着，被毫无前景的勇猛口号所嘲弄，然后又在难关失败。“平成”的失败，当然发生在全球化、少子老龄化、信息爆炸等构造条件之中，但不仅限于此。在无法自行克服的这种结构条件的历史中，产生出一个令人值得深思的问题。直面危机，认识到该问题的同时，还要仔细观察深陷其中的组织、人、语言、行为方式，这才是寻找未来（就是那个通过“清算”无法到达的未来）出路的唯一方法。

✜ “昭和落幕”是什么时候呢？

“平成”自然是随着“昭和”的终结而开始的，不过“昭和”的结束始于 1989 年 1 月 7 日昭和天皇去世之前。换言之，进入 20 世纪 80 年代，昭和天皇已 80 多岁高龄，因此社会各界所预测的“X 日”迟早会到来。

1987 年（昭和 62 年）4 月 29 日的天皇生日宴中，天皇呕吐不止，虽一度有所恢复，但同年 8 月中旬以后持续恶心和食欲不振。根据御医团检查的结果，怀疑是肠梗阻，9 月 22 日实施了历代天皇以来的首次开腹手术。手术顺利结束，并发表了诊断结果，为“慢性胰腺炎”（并非“癌症”），但恐怕御医团这时就已经认识到天皇患有严重的胰腺癌。当时，专家表示：“一般来说，慢性胰腺炎引发肠狭窄的情况很少，根据今后的检查不能否认恶性的可能性。”（《朝日新闻》1987年9月23日）由此不难推测天皇患有胰腺癌。然而，各大报纸没有公开捅破这层窗户纸，有关天皇病情及恢复情况的报道急剧增加。这股激增的势头，使普通民众开始揣测“天皇身上正在发生不同寻常之事”。

不过，杂志却直截了当。杂志上“天皇去世报道”从1988年初就开始了。例如，《故事的特辑》（話の特集）在1988年2月号以“天皇去世之日”为题组稿特辑，论述道：“‘X日’定会如期而至。那时候，大众媒体通过报刊与电视使整个日本染上统一的天皇之色。之后发生了什么，重大的‘什么’极为自然地发生了，战后所奠定的民主主义、我们那微不足道的小小权利太过脆弱，也说不定早就没了。”

这一特辑主要论及了“明治”与“大正”的终结，但组稿成为特辑也是得益于“昭和的终结”已在眼前的缘故。“昭和”从前半段的战时体制转向后半段的民主主义与经济成长。人们似乎惧怕“昭和的终结”再逆历史的波动，重现“大正”至“昭和”的那般转向。

1988 年 4 月发行的《季刊危机》（季刊のクライシス）临时增刊号（社会评论社）也组稿制作了题为“再见了，裕仁”的特辑。开篇刊登了加纳实纪代、粉川哲夫、辻元清美、山崎薰[1]的座谈会，一开始担任主持的加纳便直言道：“据说天皇即将故去，所以本期的策划就思考一下短期内‘X 日’会怎么样。”粉川对此表示赞同，并指出“1987 年 9 月，从天皇接受手术起‘X 日’的气氛迅速升温”，其中“普通的报刊大量报道天皇的新闻，闹得沸沸扬扬，的确非常罕见”，因此“所谓的‘X 日评论家’大量涌现”。

他进而将 1987 年秋天开始的社会氛围总结为“我每年在寻找脱离‘昭和’的日历，但按往常的话几乎是没有的，今年却要多少有多少。怎么说呢，现在社会整体的氛围已盛行起‘X 日’风潮”。座谈会举办于 1987 年 12 月。企划大约从数月前开始考虑，所以“昭和的终结”从 1987 年

1 加纳实纪代（1941–2019），日本女性史研究学者；粉川哲夫（1941– ），日本批评家、电影评论家、行为艺术家；辻元清美（1960– ），日本政治家，长期担任众议院议员，曾在鸠山由纪夫内阁担任国土交通副大臣；山崎薰（1943– ），日本著名翻译家、经济学家，东京经济大学名誉教授。——译者注

秋就开始让人感受到了切实的未来。

进一步说，人们分享“昭和时代已经结束”的感觉可能已经有一段时间了。另一方面，通过1979年的年号法制化、中曾根内阁时期的天皇60周年在位典礼等，加速了在新自由主义体制中重新建构民族主义的动向。从20世纪50年代到70年代，昭和天皇的存在感相当微弱，自明仁亲王与正田美智子“成婚”起，核心家庭模式的皇室开始呈现出来，松下圭一称之为“大众天皇制”[1]，不过这也可以说，进入80年代后新民族主义再次摸索寻求与天皇形象产生联系。裕仁对第一天皇形象——作为皇太子时代起的大元帅相当适应，战后作为“凡人天皇”的第二形象也适应得很巧妙。然而，相比之下，1980年前后兴起的新民族主义浪潮中，第三天皇形象一直模糊而抽象。从某种意义而言，在这股浪潮中，与天皇具体形象相结合的重要性比以往任何时候都要小。“天皇的世纪”早在“天皇去世”之前就已经结束了。

1　松下圭一关于“大众天皇制”的系统论述参见1959年所发表的论文《大众天皇制论》，后收录于《战后政治的历史与思想》（松下圭一，筑摩书房，1994年）。松下圭一（1929–2015），日本政治学学者，毕业于东京大学法学部，求学于丸山真男，法政大学名誉教授。——译者注

✜ 昭和天皇之死与自肃运动

当然，1988 年秋天之后，媒体才开始共同朝着“X 日”迈进，与之对应的是整个日本社会被笼罩在一种奇怪的氛围中。直到当年夏天健康状况一直保持平稳的天皇于 9 月病情再次恶化，9 月 19 日因大量吐血而紧急输血，之后数月在吐血与输血之间反复。显然，天皇大限将至。这就像每个人都能够预料到的电视剧结局一样，感觉将以一团糟而结束。如前所述，对许多日本人而言“X 日”早已于 1987 年秋天开始。原本以为那年年底，这部电视剧要拉下帷幕了，但还未到最终时刻，人们持续等待着。终于在一年后，迎来了最终时刻。对尚未见过的最终场景，人们产生了膨胀之思，导致对这件事的反应过度，于是各地引发了自肃运动。

这些自肃包括神社暂停祭典，地方上取消各类活动（例如“〇〇节”和“〇〇祭”），学校取消文化祭与运动会，企业及各类组织暂停年终晚会与新年会。不仅如此，夸张的综艺节目也被归在自肃范围内，比如表演替换成朴素的内容，或用电影与旅行节目替代。百货商店的电子显示已调整为普通显示，电视广告的“你好吗”“恭喜”“生活快乐”等表达，即使与天皇毫无关系，也被认为“失礼”而遭到更改。总而言之，自肃几乎延伸到日常生活与娱乐的所有领域。值得一提的是，自天皇去世以后，大量的电视广告都受到限制，为了填补空白，公共广告公司开始播放广告。同样的情况也屡屡发生在六年后 1995 年阪神淡路大地震以及 2011 年东日本大地震之后。1988 年秋天发起的自肃运动，贯穿于此后的平成史，当遭受巨大冲击时，日本社会都会作出反应而形成固定模式。

但是，这场自肃运动并非仅由以上内在心理所引起。自由人权协会所属的大众媒体小组委员会认为，“自肃”的原因有：（1）纯属对天皇的哀悼与崇敬；（2）来自官方（中央与地方各级政府机构）的明确要求；（3）与他者（或其他公司）并列的意识；（4）优先规避经济损失；（5）避免右翼等制造麻烦；等等。

实际因素是上述因素的综合，但整体而言，不能否认“‘自肃’已像所谓的风潮一般蔓延开来，其中许多具有强烈的‘他肃’色彩”（《验证：天皇的报道》，法学研讨会增刊：综合特集系列 44，1989 年）。换言之，许多要素之中，“来自官方的要求”“避免右翼等制造麻烦”“并列意识”在扩大自肃时起到了非常大的作用。每个人都意识到“X 日”日益临近，因此，如果计划好的事宜与之发生冲突，则有可能因遭到突然取消而造成巨大损失，并且就规避风险的角度而言，提前“自肃”的案例并不少。

媒体在促进这样的社会氛围时起了至关重要的作用。报社与电视台害怕收到批评，禁止各自的活动、撤换广告、更改娱乐节目，率先开启了自肃模式。他们异口同声地说：“我们根据宫内厅的公告中止了常规节目，增加了实况转播（临时新闻），或者另一方面制作了‘天皇病情表’，致力于天皇病情的实时报道。于是，那些看起来‘不太友好’的节目被无情抛弃了。”许多受欢迎的喜剧演员（如塔摩利、明石家秋刀鱼、北野武）的喜剧节目已被取消，在天皇病情恶化的短短两天内即 9 月 24 日与 25 日，取消节目的数字已上升到了 28 个。同时，各地的自肃运动被报道出来，“在皇居前下跪的照片、流水式报道不断反复之中，读者与观众不得不逐渐认识到‘严重的事情正在发生’”。实际上，即使在皇居前下跪祈祷，也是“各媒体争相拍摄少数下跪的人所造成的象征性摄影”。

✤ 1989年的转折——战后日本的终结

现在回想起来，日本在1989年（平成元年）昭和天皇去世后所发生的事情，在很大程度上预示着这个国家“漫长战后”的终结与向动荡90年代的过渡，在大众文化层面，正是美空云雀的去世象征着漫长战后的终结。1987年，美空由于身体不适紧急住院，因严重的慢性肝炎而开始与病魔斗争。同年，对战后日本亦是象征的石原裕次郎也去世了。此后，美空出院，重启演唱会，虽然博得大量人气，但病情却不可逆转地进一步恶化，天皇去世几天后她发表遗作——《川流不息》（川の流れのように），在一个月后演唱会结束之际她再次住院，就此长眠。

昭和天皇去世的同时，代表战后日本的大明星——石原裕次郎与美空云雀相继离世，从而象征着大众文化层面战后的终结。美空的“全国知名度”，与昭和天皇的人气存在微妙的差异，又有重合。战后复兴期间，美空无论在歌唱界还是电影界，都是这个国家最具大众性的明星。这一时期“天才女孩”美空的人气，比起天皇、皇室，反倒与同时代的力道山以及像哥斯拉那样的大怪兽更接近。20世纪70年代初期，美空因与暴力团体的关系而受到指责，被排除在中央舞台之外好几年。但是，自70年代末以后，她便作为歌唱界的“女王”重新复活。这次复活几乎与昭和天皇开始再次被视为国家象征的时间相吻合。昭和天皇也罢，美空也罢，都经历了日本经济摸索后成长期的70年代，在那个被称为“日本第一”迈向顶峰的80年代重新复活。

1989年，战后日本经济界的另一位“天皇”——松下幸之助也去世了。尽管松下已在70年代中期从一线退休，但仍然是战后复兴的象征。他去世后，直到现在一直领先于日本电子行业的松下电器无法放弃电视的执着而屡屡失败，然后被韩国三星所赶超。同样，80年代索尼以随身听大获成功为契机，势如破竹地称霸世界，但在90年代苦苦挣扎，完全失去了发展动力。进入21世纪后，三洋消失了，夏普被中国台湾的资本收购，东芝不断重复经营失策与方向迷失而走向解体。

直至80年代为止，日本电子工业一直在电视机及其他

“家用电器”的生产技术方面非常强大。然而，到了 90 年代，市场的中心已变为由数字技术与因特网所支持的“媒体”。现在，技术创新的核心已是“信息”而非“电力”。尽管街头巷尾盛大宣传“信息社会的到来”，而电子工业界直到很晚也没认识到信息社会是什么。电视、电话、电脑、立体声、相机等，这些不同商品的种类界限模糊，通过数字技术统合起来。在此，对新媒体社会的生活、感觉相关的大格局想象力是非常必要的。然而，在电视与电话方面极为成功的电子行业无法培养这样的想象力，只能在先前成功经验的延伸线上进一步完善技术，继而止步不前，然后走向自我毁灭。

✜ 1989 年利库路特事件

从某种意义上说，1989 年象征战后日本民众统合、大众文化和经济发展的昭和天皇、美空云雀、松下幸之助相继离世，可能预示着统治战后日本的体系出现破绽。同年发生的利库路特事件则是即将到来政治破绽的前奏。当年 2 月，利库路特的创始人江副浩正遭到东京地方检察机构的逮捕，随后日本电报电话公司（NTT）第一任会长真藤恒等一批头面人物陆续被捕，受贿嫌疑从事务次官波及官房长官。4月，首相竹下登承认收受了来自利库路特1.5亿多日元的资助，表示将引咎辞职。竹下内阁解散后，首相之位先后辗转于宇野宗佑、海部俊树、宫泽喜一、细川护熙、羽田孜之间不得稳定。1955年体制意义上的自民党统治体系，以竹下内阁垮台为标志走向瓦解，从此政局一下子变得飘忽不定。

十多年前政界曾卷入洛克希德案，利库路特事件与此不同的是，以非公开发行股票为贿赂资金，贿赂对象范围极为广泛。受贿政客几乎囊括自民党大多数实力人物，还涉及在野党。而洛克希德则向政府中枢贿赂，旨在向其出售飞机这样的庞然大物。相比之下，利库路特的目标在于撬动大多数政客，显得更为暧昧。在融入社会整体的过程中，股票和金融等资本游戏比起实体经济发展更胜一筹。在这样的变化中，政治基础也随之逐渐转变。相隔十多年的两起贿赂案件不同之处，与社会经济体系变化相适应。利库路特事件与其说是洛克希德事件的后续，不如说是围绕活力门（Livedoor）和村上基金案件的前例。

✤ 假想化自身与他者

1989 年开始走向败局的不仅限于政治制度，我们对现实的感觉也从这个时候发生变化。1989 年震惊世人的事件是，发生在埼玉县的宫崎勤连续绑架少女杀人事件。震撼全日本的这一事件直到最后所缺少的是过去 60 年代后期永山则夫连续射杀事件清晰刻印下来的现实感——即使那么的悲惨令人厌恶，也能够切实感受自我的意识。这份缺失也象征性地与近郊农村的“郊外”化趋势形成对照——永山出生长大的网走即青森县（日本群岛的最远端）、宫崎出生长大的东京五日市均是如此。如果说永山的案件发生于全国范围内失去家乡的过程中，那么宫崎的案件则以汽车大众化所产生的大规模郊区化为背景。

吉冈忍在《M/ 世界的、忧郁的先进》（2000）中走近了宫崎走向杀人的意识深处，宫崎身上缺乏作为主体的感觉与其本人所犯下的罪恶相联系，形成一个自相矛盾的回路。宫崎在初审时否认指控，说道：“我做了一个无法醒来的梦，我觉得自己在那个梦中做到了。”他不是否认自己所犯的杀人罪，而是描述对这一事实所缺乏的现实感。在宫崎的案件中，他相继“杀害小女孩，切碎、烘烤手腕并吃下，承认这是件可怕的事，但他亲自实施了，以滑稽的表情站在被告席”——这样的鸿沟被世人质疑。当时，媒体并未因宫崎房间堆积着庞大数量的录像带而误解其为充满性幻想的变态罪犯，他的案件并非如此。宫崎从小就神经质地讨厌自己身体敏感，讨厌接触他人的身体。能让他产生热情的是：“各类动画及其主题曲、哥斯拉、萝莉控、魔方、职业摔跤、网球、智力问答、拼图……”

但是，即便收集录像带暂时会让本人产生官能性刺激，那里却没有他者。逼近的现实在试图抓住现实时变得更加不现实，在试图适应时变得更加被动，“总有一天主体肯定只剩一副空壳，遇上什么都不是的自己。直面这样的自己，屏住呼吸”。

在宫崎的案件中，祖父的去世是决定性时刻，导致他自我空虚而无情地制造了一系列杀害少女的事件。对宫崎而言，祖父是让他接受周围世界有意义的唯一支柱。随着祖父的离世，周遭环境极速褪色，甚至家人也只能让他感觉是“室友”。为了使世界恢复往昔，必须让祖父再次降临于世。为此，宫崎多次打开祖父的骨灰盒吞咽骨头，将杀害的小女孩的骨头也吃了下去。因为他认为将肉体燃烧后吃下去，能将它们送给祖父然后让其苏醒过来。

政治中心的丑闻与可怕的杀人事件，共同发生于 1989 年却毫无直接联系，不过同时作为决定性转折点昭示了 20 世纪 80 年代末出现的现实转型。在这样的转型中，我们的社会失去了支持“战后”这一时代的现实基础。此后，90 年代日本所发生的事情（从日常自我到政治趋势），都是这一空心化现实的过程。奥姆真理教早在 1989 年 2 月就在教团内部引起男性信徒杀害事件，11 月杀死了坂本堤律师一家。这些事件促使该邪教迅速朝着凶恶犯罪的方向发展，最终导致了 1995 年地铁沙林毒气事件的发生。

✣ 失败不断，死伤无数

现在回顾，1989 年一整年所发生的事，有预兆地集中表现了平成 30 年的历史。那时，某些要素已开始崩溃。人们接受它们为“昭和落幕”，但没在“落幕”之前预见到未来如何，也并未朝着“未来”而开拓前景。1989 年原本是泡沫经济鼎盛时期。股票市场在 1989 年 12 月 29 日创下 38915 点高位，尽管有前一年的自肃，但企业人士之间弥漫着极端乐观的氛围。从这一意义上讲，1989 年仍是“昭和”的延伸。

日本经济借助“日本式经营”在 20 世纪 70 年代的石油冲击与经济衰退浪潮中幸存下来，从而在昭和末期的 80 年代加强了日本人的自信。日本企业人士认为，欧美从 70 年代开始的经济困境与自己的未来无关，对日本的进一步发展充满信心。我们知道信息社会已经到来，正在推进的是“国际化”而非全球化，但没人认识到这些变化与日本社会经济结构之间存在决定性矛盾。换言之，他们无法理解这些变化会带来怎样的社会结构根本性变化。

于是，自此以后，实际上平成 30 年成为反复失败、迷失不断的 30 年。“后现代”并非现代化的延伸。一旦朝着“富足”方向发展的现代化（即经济发展）进程趋于饱和，社会便会迷失目标。几个复杂又有分歧的价值观相互纠缠，无法直接看到未来，在这样的社会中，组织决策会在对立的未来之间摇摆。本来若看不透通往未来的道路，则必须重建自己对未来的想象力。它需要一种飞跃力，对司空见惯的事宜重新审视，拒绝现有的简单解决方案，选择一条艰难但通往未来的道路。这样的情况不存在于日本社会。政府、企业、民众无法摆脱80年代乐观情绪，最终被“改革”之声狠狠将了一军。

“平成”并不被看作“昭和”的延续，而是断裂，与其说是某一个人，不如说是市场的作用。股票市场在1989年12月末达到顶峰后，进入90年代后开始急速下降。土地价格也从1991年起下跌。在股价与地价不断下跌的过程中，企业不良债权迅速膨胀，债务无法及时处理，财务基础从脆弱的地方开始瓦解。

泡沫经济时期，许多企业比起主要业务，更多地从事“资产投机”（財テク）业务，并大规模投资于海外。最终，这些攻势越是华丽的企业，损失就越大，甚至被迫倒闭。1997年11月北海道拓殖银行与山一证券的破产，暴露了日本在80年代“失败”的严重性。80年代浮躁的氛围中增长起来的海外扩张前沿，失去了补给，落得个七零八落、不得不撤退的下场。日本人最初对全球化并不消极，但20世纪80年代至90年代，在没有中长期展望的情况下驶入全球化的快车道，使得日本人在泡沫经济破灭之际铩羽而归，并最终完全消失。

✤ 另一部“平成史”？

已经30年过去了。“平成”随着天皇的退位而告终。只要“平成”还是1989年到2019年的那30年，对日本而言的结论只能是“失去的30年”。但同时能否这么思考？假设生前退位被更早制度化，那么“昭和”将比实际开始得早一些，并且提前很多年结束。即使“昭和”比实际“开始得稍早”，对历史的理解也不会改变太多。昭和天皇成为体弱多病的大正天皇摄政的时间是1921年，在这一时间点大正天皇可能会生前退位。若是如此，“昭和”将开始于1921年。

假设“昭和”始于1921年，对其后的历史不会产生多大影响，然而如果“昭和”结束得比实际更早，其影响将会非常深远。昭和天皇“比实际更早”生前退位的时机肯定存在过。不言而喻，那就是1945年亚洲太平洋战争日本刚战败之际。

当时，昭和天皇的战争责任过于明显，其本人也意识到这一点，全世界都这样认为。甚至日本人里这么认为的也不在少数，因此如果存在“生前退位”的选项，其他国家的舆论也会理所当然地接受。对日本社会来说，这也应该是一定程度的“了结”。于是，昭和始于1921年，并结束于20世纪40年代后期。没发展成这样是由于日本政治精英的担心与占领军司令部的忧虑相互一致，前者害怕提出“生前退位”可能导致天皇制度本身的废除，后者为了贯彻占领政策考虑到昭和天皇的存在具有较大的利用价值。因此，“昭和”的延续是政治策略的结果。

不过，如果“昭和”结束于20世纪40年代末期，“平成”（假设作为新年号）同时拉开帷幕，那么“平成”将横跨20世纪40年代末至21世纪10年代，长达70多年。这70年间大致分为三个时期：最初25年日本社会复兴并走向高速增长发展，然后20年左右享受稳定的和平与富裕，最后30年经济停滞、努力改革、失败不断。“平成”时期描绘了一个这样的周期——从复兴、增长到稳定、疯狂，然后到失去、出现新危机。这一周期完成循环，如今作为一个时代终将结束。在这一周期中，我们应该将哪些不可替代的东西保存下来呢？

毫无疑问，从皇太子时代以来，平成天皇的信念在于不断追求战后日本民主主义与和平。

这次，安倍政府绝不欢迎天皇的退位意向，但结果只能尊重天皇这一意向，不得不接受，这也可能是由于天皇和皇后近 30 年来的挑战得到了日本国民的共鸣。天皇和皇后既然凭借“自主婚姻”成为战后大众民主的象征，便通过可能的“平成 70 年”大胆地致力于战后日本和平主义和民主主义。“平成”，只要这一年号续存，就仍然与天皇的人生联系在一起。在政治、经济背景下，视为“失败”的历史，反而通过与天皇的人生联系在一起包含着“希望”。天皇正如字面那样将人生押注于“成就和平”，并希望本国人民在任何国际形势下都将继续坚持下去。

扩展阅读书目

- 亚洲民众法庭准备会编《海外报章杂志所报道的天皇》1—3 卷，凯风社，1989 年。

本书总览了海外报章杂志如何报道昭和天皇之死，通过海外视角比较国内视线容易忽视的日本本国报道。

- 《验证：天皇的报道》（法学研讨会增刊：综合特集系列 44），日本评论社，1989 年。

日本媒体陆续报道了“昭和终结”的天皇新闻，本书通过其中所暴露出来的问题开展综合探讨，客观冷静地概括了对媒体的批判式论证。

- 栗原彬等编《记录天皇之死》，筑摩书房，1992 年。

从笔者等人在皇居前采访调查到冲绳及海外人士视角，本书多角度组合式生动描绘 1988 年至 1989 年日本所发生的事。

- 吉冈忍：《M/ 世界的、忧郁的先进》，文艺春秋，2000 年；文春文库，2003 年。

本书通过现场详细采访犯人的形式考察了 1989 年宫崎勤连续诱拐女童杀人事件，敏锐捕捉其思想底层中那触手可及的空虚化。

- 中野正志：《女性天皇论——象征天皇制与日本的未来》，朝日选书，2004 年。

本书从历史角度探讨 20 世纪 90 年代以“继承人”问题为契机而兴起的“女性天皇”讨论热潮，详尽论证象征天皇制的矛盾之处。

- 吉见俊哉：《后战后社会》（日本近现代史系列⑨），岩波新书，2009 年。

本书将 1970 年前后视为战后日本的转折点，分析截止于 20 世纪 90 年代的日本社会演变，最终明确战后的某一部分在 20 世纪 90 年代得以终结。

- 苅谷刚彦等编《泡沫经济的破灭——20 世纪 90 年代》（《人人的精神史》第八卷），岩波书店，2016 年。

战后，鹤见俊辅继承了思想科学研究会推进的“大众哲学”，从“大众”的水平思考战后精神史，本卷是该系列的 20 世纪 90 年代部分。

- 吉田裕、濑畑源、河西秀哉编《平成的天皇制是什么——制度与个人之间》，岩波书店，2017 年。

本书追述明仁天皇、美智子皇后所起到的作用和所开展的实践，综合探讨战后象征天皇制的成立和实际状况。

第二讲 「改革」的归宿

◎ 野中尚人

平成时期的日本政治，正是以政治改革为主要课题而运作的。为什么政治改革是必须的？其目标何在？进行得又如何？同时取得了哪些成就？又面临何种困难和瓶颈？

✜ 战后长期政权持续原因及其变化

如果说平成的政治改革是昭和政治的折射，那么战后的昭和时期所构建的政治构造是什么？一般称之为“55 年体制”。1955 年（昭和三十年）保守政党联手组建自民党，进入平成前后成功维持了近 40 年的稳定政权。

55年体制能如此长期稳定的要素是什么？首先有以下三点。第一，稳定且日本负担较轻的国际环境。众所周知，吉田路线[1]是一种政治选择，强调轻武装、重视经济复苏及发展，但使之成为现实的环境也意义重大。

第二要素是实现经济长期增长、强化政府的雄厚财政基础。自20世纪70年代以来，由于石油危机和经济滞胀等全球经济形势的影响，财政重建的必要性也显现出来，不过总而言之，自民党政府可谓是受惠于丰富的财政资源。自民党长期政权也被称为一党优位体制，它基本是通过财政资金的分配而建立起来的，这一点较为突出。

支持长期政权的第三要素，是存在着组织良好、职能齐全且稳定的官僚机构。强调民选政治家及政党合法性的民主主义原则在日本逐渐生根，即便如此，战后的自民党政府中在政官之间也存在不和谐的地方。不过，与其他国家相比，自民党对精英官僚招兵买马，建立起使两者能够

1　吉田路线是二战结束后以首相吉田茂之名命名的日本外交路线，20世纪80年代永井阳之助、高坂正尧等学者将其主要内容归纳为三部分：①以美国同盟关系为基础，并借此保障日本的安全；②压缩日本本身的防卫费用；③从而集中精力大力发展经济，旨在将日本发展成为通商国家。同时永井、高坂给予了较高评价。此外，还有学者（中西宽）将吉田路线上升为“一种国家级战略”，经过池田勇人、佐藤荣作的巩固，到了60年代在日本国民中开始普及。——译者注

在早期阶段互相让步的体制。

换言之，除了规范性评估问题之外，自民党长期政权还顺势利用国际环境，受惠于民间和商界的丰硕成果，巧妙构建起一个将政治与行政相结合的政府组织，并获得成功。然而，这些基本条件在昭和结束、平成开始之际，悉数开始崩塌。冷战结束前后，日本与美国的经济摩擦变得更为激烈，不久之后泡沫经济崩溃，造成了严峻的经济形势。社会方面，少子老龄化迅速发展。此外，1988 年利库路特丑闻曝光，其他官僚丑闻陆续发生，导致了政治改革，打出了政治主导的口号。出乎意料的是，昭和结束也是战后政治结构性缺陷爆发之时，在其之后的时间轴上，全球化趋势自 90 年代中期起愈发明显，新技术升级也被激发了出来。

✣ 55 年体制的特征

那么，从政治结构本身而言，55 年体制具备哪些特征呢？它重视自下而上、现场主义，基于它的权力分散、共享结构。同时，从改革、更新事物的角度而言，是排斥改革、更新的，即所谓的“加拉帕戈斯化”[1]。

首先，自下而上结构在自民党的内部决策机制及与之紧密联系的年功晋升型人事体系的构建上表现得尤为显著。以政务调查会（简称政调会）为舞台的族议员[2]政治，重视慎重遵循多步骤过程以形成共识。政调会会长等职务由中坚力量的议员担任，他们在这样的自下而上的过程中受到一定的影响。换言之，各职务基于年功序列型人事被平等分配，于是这一自下而上的模型发展起来，并被运用到实际的决策过程之中。

这样的党内决策系统，与选区每一位议员的“利益诱导”活动极为紧密地结合在一起。这是以选举中彻底贯彻现场主义为背景而进行的。自民党政治，由党内自下而上的决

1　加拉帕戈斯化指日本近年来的产品与服务独自朝着多功能、高性能化发展，对海外发展、并购态度消极，远离国际准则，但当适应性与生存性能更佳的产品与技术进入日本后它们最终陷入淘汰的境地，由于与独自进化的加拉帕戈斯群岛生态系统极为相似，因此用作比喻性描述，2007 年左右开始广泛用于批判日本产业的发展现状。最为典型的代表行业为手机产业，其他如电子货币、大学教育、医疗服务等也开始出现类似趋势。——译者注

2　族议员指对中央省厅的决策及其相关的产业界利益维护拥有强大影响力的国会议员。他们主要活跃于 1955 年自民党成立至 1993 年细川护熙内阁时期，这些议员分属于自民党政调会各部会，精通某一特定领域的政策，在中央促成省厅法案的制定、维护产业界利益，在地方确保地方利益诱导与政治资金，从而形成政官业铁三角，他们一般被称为农林族、文教族、运输族、建设族、邮政族等。20 世纪 90 年代中期的选举制度改革，族议员受到重创，但 2009 年民主党上台执政后重新对产业界与政党的关系进行了洗牌，族议员是否会改头换面卷土重来也未可知。——译者注

策机制来调节选举竞争，同时通过广泛分配政府财政资源而发展起来。当然，它阻碍了顶层领导力，但实际上是一个非常强大的自下而上结构，就某种意义而言，是一个极为牢固的“民主”结构。反之，自民党的选举实力能够强大，则是因为得到了这一独特机制支持的缘故。

55 年体制的另一个特点是整体结构的权力分散与共享。除了上述自下而上结构之外，还有其他几个方面。最为重要的是自民党议员与官僚（机构）之间的共生关系。自民党政调会内部的自下而上决策过程采用了基于官僚们充分参与和合作的制度。在这一可称之为政官融合体制的基础上，各省厅下属部局与族议员组织构建合作关系，进而联合外部的相关业界团体形成固定关系。在整个自民党政府的框架内，并存形成各省厅之间横向权力分割、族议员集团以及各业界团体纵向权力分割。

另一方面，众所周知，自民党是一个派阀联合政党，它已成为党内权力甚至整个政府权力分散结构的骨架。派阀体系源于当初政党成立之时，但考虑到其此后如何组织结构化，中选区制这一选举机制的影响至关重要。所谓中选区制，是指从一个选区选出 3—5 名议员的制度。在这样的选举制度下，自民党为了巩固政权而掌握众议院多数席位，会在同一选区拥立多位候选人。换言之，这是同室操戈的竞争，派阀体系与之联动且制度化，并一直持续下去。各方的候选人、议员并非打出自民党的旗号，而是竞争个人的利益，这正是生存策略的根本所在。这些俨然一副“一地盘一城一主”的议员们，被捆绑在称作派阀的权力集团中。自民党的整体权力结构极为分散，各派阀之间的竞争有其重大意义所在。

但是，随着时间的推移，各派阀之间的权力分散与竞争加强了权力共享的一面。池田勇人（4 年多）与佐藤荣作（7 年半左右）成功维持一段时间的政权，但之后两年左右首相换届的频率逐渐增多。这一方面是由于各派阀的首相候选人竞争加剧而受到影响，另一方面是由于自民党总裁任期（实际上也是首相的任期）最长被强制限制在四年。党总裁任期最多只有四年且每两年就要选举，应该可以设想到，这一机制让首相的更换相当频繁，让权力不停转换于不同人手中。当然，这是与许多其他主要国家截然不同的逻辑思维。

事实证明，自民党通过在纵向和横向上进行权力分散，侧重于自下而上的共识协调，根据需要轮换重要职位来避免权力集中的体制。另外，通过官僚共处的系统自民党还构建了一个严重依赖于他们的体制。进而言之，国会的结构也显示出自民党与野党共生的状态。当然，自民党的多数表决制在最后保留了下来，但执政党与在野党之间的谈判规则出人意料地体现了尊重在野党意见的一面。所谓的长期政权，是将官僚甚至在野党包括在内才可能成立的权力共享体系。（野中尚人《自民党政治的终结》，筑摩新书，2008 年）

✤ 平成的政治改革

55 年体制的总体特征在战后政治中逐渐形成。它们与其说是有意而为之的制度产物，不如说是在各类情形下自然形成、积累而构建起来的。但等意识到的时候，在没有政权交替的情况下，产生了政官勾结的状态、国会极端变化无常等。总之，与欧洲议会内阁制国家相比，这是一种几乎隔离于大海的特殊情况。笔者将其描述为“加拉帕戈

斯化”，可以说是一种对战后国内外环境的过度适应。（野中尚人《告别加拉帕戈斯政治》，日本经济新闻出版社，2013 年）

若是如此，当然环境的变化对政治的变革也有所需求。这类事情从昭和末期即 20 世纪 80 年代末开始在各方面一拥而出。当时的口号几乎不可避免带有改变 55 年体制的意味。这场政治改革不是由官僚，而是应该由政治家和政党主导，且其中心以首相及其官邸领衔，于是议论迭起。然后，政治改革就这样持续了平成整整 30 年，成功与失败交织并存（关于以下平成政治史，参阅清水真人《平成民主史》、药师寺克行《现代日本政治史》等）。

✣ 从自民党的分裂、下野到选举制度改革

平成政治改革首个重大尝试是选举制度改革，导火索是 1989 年曝光的利库路特丑闻。该事件中，几乎所有的自民党实力派政客，甚至一些在野党领袖都受到牵连，显示出行业利益和（背后的）政治资金之间那广而不断的纠葛。

以该丑闻为契机，全面性利益诱导政治、派阀政治、族议员的幕后操作等政治不透明、领导力缺乏，成为深刻问题而被广泛认知。于是，其根本所在的选举制度问题得到关注。

另一方面，在自民党内，特别是势力最大且拥有压倒性影响的经世会内部斗争日渐表面化，并且向政党分裂方向发展。换言之，应作为政治基本制度的选举制度，有关其应有方式的辩论，与实际的权力斗争紧紧联系在一起。结果，这一问题导致自民党的分裂和下野，以细川护熙为首相的非自民党联合政权就此诞生。由此，55 年体制暂时画上了句号，政治改革的第一步就此实现。（佐佐木毅编《政治改革 1800 天的真相》，讲谈社，1999 年）

当然，自民党的选举基础建立在中选区制度上，其实力非常强大且稳固，选举制度即使改变，变化也不会即刻反映出来。然而，现在已过了四分之一世纪，新选举制度结合了小选区制和比例代表制，导致派阀衰退，党中央执行部门权力得到强化，进而向首相官邸集中，无法否认这是由全新政治逻辑所带来的结果。

✣ 官僚批判与政官关系的演变

从某种意义上说，政治主导的一大前兆便是对政官关系的重新评估。战后初期明显的官僚主导尽管已经衰落，但依附官僚的性质未能得到彻底去除，同时政官过度勾结也被强烈批判为腐败根源。另外也有人认为，各省厅纵向权力分割是阻碍日本国家利益的结构性因素。

由于多数省厅受到丑闻影响，尤其被视为官僚中的官僚的旧大藏省处理泡沫经济破裂失败、对 20 世纪 90 年代后期整体金融危机的施策混乱，导致官僚抨击日益普遍。90 年代末成立行政改革委员会，由首相桥本龙太郎担任主席，提出了一系列颠覆常识的重大改革方案，直至这一步，昭和以来的政官融合体制基础的七零八落终于显现。（行政改革会议“最终报告”，1998 年 12 月 3 日。http://www.kantei.go.jp/gyokaku/report-final/）此后，日本成功实现一府十二省厅制的大幅度重组，强化了辅佐首相及内阁的内阁官房，新设内阁府，引进独立行政法人制度等。

桥本行政改革之初启动了公务员的人事体制改革，实际上这导致了后来 2014 年国家公务员制度的彻底改革。当时，官房长官制度下设置了“阁议人事检讨会议”。由此，干部官僚的人事权逐渐被首相官邸所掌握，2014 年进入决定性阶段——《国家公务员法》得到根本性修订。

✜ 从国会改革到小泉政权、民主党政权

另一方面，自民党政权由于 1998 年 7 月参议院选举大败，再度陷入严重危机，而下一个政治改革便是国会改革。这一想法来自小泽一郎，自民党同意组建一个完善自身的联合执政政权。政府委员会这个官僚在国会审议过程中发挥重要作用的机构被废除，同时用副大臣与政务官取代了政务次官，激发国会活力，使政治家更为积极地参与其中。这些新方法具有一定影响力。但是，自民党切换至与公明党联合执政并再次成功稳固政权后，这样的国会改革势头迅速下降。

国会改革之后是“小泉革命”（竹中治坚《首相统治》，中公新书，2006 年）。小泉纯一郎打破了传统自民党政治核心——经世会的统治体制。该手法比起党内权力平衡更

重视民众的支持，利用新成立的经济财政咨询委员会来对抗以政调部会为中心的党内机构，最后最大限度利用众议院解散权及其后大选的公认权限。道路公团改革[1]半途而废，一系列改革并非总是能达到预期，但至少在邮政民营化方面取得了一些成果。除了小泉自身的个人领导力外，小泉改革还巧妙利用了政府机构改革的成果，例如20世纪90年代以来的选举制度与桥本行政改革（野中尚人《自民党政治的终结》，筑摩新书，2008年）。

然而，对于自民党而言，带有新自由主义性质的小泉改革也是一把双刃剑，它在党内造成裂痕，并产生了一种可称之为“改革疲态”的情绪。而且，在其背后，一个名为民主党的在野党高举大刀阔斧的政治改革计划正逐渐扩大势力。于是，在2009年8月大选，战后日本第一次全面实现政权交替。民主党赢得了接近三分之二的众议院席位，获得压倒性的胜利，从而取代一直保持第一大党地位的自民党。

民主党提出了全面改革政治制度、结构的建议，预算

1　道路公团改革指2001年小泉纯一郎首相以结束无用的高速公路建设为目的，终止每年向日本道路公团提供3000亿日元的国家财政，并要求道路相关的四大公团民营化，2005年四大公团的道路建设管理由6家企业接管，道路所有权与债务管理由独立行政法人接管。——译者注

分配方面从公共工程中心主义脱离，给出了优先投资于“人”的方针。换言之，目标在于从政策与治理结构上彻底地打破那个被称为55年体制的政治体系。

然而，民主党政权的这些改革建议，结果以失败告终。失败的原因有民主党自身问题，包括该党自身整合能力薄弱和领导人的判断力问题、缺乏政权运营的技术窍门及与官僚的无意识冲突。另一方面也遭受到了各种不利，比如次贷危机后严峻的国际经济环境、中国与韩国日益上升的民族主义等。矫枉过正地排除官僚、为了打破政府与执政党的二元体制而废除执政党的事前审查制度等，虽然可以理解其意图，但在现实的政治形势下这些改革只是带来令人绝望的阻力就宣告结束了。尤其在2010年7月参议院选举以后，众议院与参议院的多数派政党比例大不相同，陷入了所谓的“扭曲国会”困境，此后民主党政权已完全失去主导权。最终的局面是，执政党与在野党之间讨价还价，民主党内部对立问题异常突出。

✜ 自民党重新执政与“安倍独强”体制

在2012年12月大选中，执政的民主党与从其分离独立的日本未来党大败，另一方面日本维新会、大家党势力扩大。而自民党的复苏还是极为惊人的。此后，在2013年参议院选举获胜后，自民党在国会中的主导地位已稳如磐石。

于是，后小泉时代不稳定的自民党政权在双重意义上变得稳定与强大。首先是政党之间的权力关系已变成自民党一强独大的状态。加上联合执政的公明党的支持，自民党在选举中实力强大到鹤立鸡群。政治稳定的另一方面是自民党内部的“七零八落状态”得以克服。与第一次安倍内阁、福田康夫内阁、麻生太郎内阁三届在一年之内被迫辞职相比，第二次安倍政权在党内的基础出人意料地稳定。恐怕是吸取了党内分裂的状态下下野的教训，优先考虑党内秩序的想法得到了加强。同时，以小选区制为中心的选举制度逻辑已经渗透，通过小泉邮政选举的经验加强了自民党总裁与执行部的主导权，也是非常明显的。另一方面，在野党因分裂而急剧弱化，与自民党的权力关系，一直以自民党占据压倒性优势。这便是“安倍独强”体制的外部形态。

重新上台执政的第二次安倍内阁以摆脱通缩为目标，发起了所谓的“安倍经济学”，同时强化其重视民族主义的“向右”政策与方向。经济方面，则高举“三支箭”——宽松的货币政策、灵活的财政政策、成长战略，并首先成功实现了股价的大幅度提升。另一方面，右倾意识形态色彩的浓厚引发民众内部的支持与声讨并存。其主要特征是安全保障体制大改革（涉及对《特别秘密保护法》及集体自卫权解释的更改），还有毫无隐瞒的、以第9条为轴心的宪法修改意愿。

安倍政权在政治手法方面也体现了重大变化。安倍晋三首相与官邸的威严从未如此强大，几乎所有重要政策都是由设立于官邸的经济财政咨询会议所领衔的会议来敲定主旨。官僚们被内阁官房、内阁府或这些特设临时机构召集起来，然后在遵循官邸指示的同时参与决策，此类模式的使用显著增加。尽管例行工作仍由官僚组织承担，但整体上还是产生了重大结构变化。官邸周围的政策会议急剧扩大，政策主动权向这里倾斜。由此在相同情况下，也就能够理解执政党的政务调查会与族议员影响力的急剧下降（野中尚人、青木遥《政策会议与没有辩论的国会》，朝日选书，2016 年）。

然而，随着平成时代结束的临近，这种政治手法开始在各类政策中忽隐忽现。少子老龄化的出生率改善政策、地方创生、女性熠熠生辉的社会等，打出的各类口号大多未能取得成效，然后目光又转向了下一个新的口号。可以说，安倍经济学整体上的成败越来越令人怀疑。

✜ 大转换期的平成政治

回顾过去，平成 30 年间至少有两轮政权更迭。而且，尽管存在一些模式，联合执政几乎成为永久性的形式。这两点表明了变革的基本方向。另一方面，虽然存在着相对稳定的政权，例如小泉内阁、第二次上台后的安倍内阁，但也有首相在短短一年内不断换届的情况。尤其从 2006 年第一次安倍内阁到民主党首相野田佳彦辞职之间，在 6 年多的时间里，合计 6 位首相逐一在每一年内轮流上台。我们如何解释变化的总体趋势以及在此基础上的杂散性？在此，将重点关注选举改革与政党体系的变化、国会的无规则性及其改革的困难，还有执政改革的意义与挑战。

✤ 选举制度改革与政权交替的逻辑

从大的方面来看，自民党独占政权维持体制不复续存，果然还是选举制度的变化占其原因的大部分。就宏观意义而言，显示了日本国民的选择起到了重要作用。

以前的中选区制，一方面在自民党内部建立了一个派系结构，另一方面在野党势力之间呈现明显的多党制固定化趋势，然而新选举制度的逻辑与之大不相同。在小选区制部分，则是趋向于两党制，这就促成了在野党在各自阵营团结一致，另一方面比例代表制则允许小政党或新党开展活动。这两大要素是结合在一起的，但从较高层次来看，前一个要素即鼓励阵营大团结的效果较大。

民主党便是对这一逻辑顺利作出回应，从而实现政权交替的。然而，此后非自民党势力始终维持分裂状态，而自民党则稳定了与公明党的合作，并取得了压倒性胜利。换言之，政权交替逻辑的潜意识中，巧妙应对才能左右政党政治的趋势。这是第一个关键点。

✜ 二院制、“强参议院”与联合政权

然而，仅凭这一点是无法解释事态演变的。这里还应该考虑国会的问题，首先是两院制的应有方式，即如何看待参议院的影响。

事实上，所谓的“扭曲国会”状态与平成时代一同开始。1989 年自民党在参议院选举中大败，在参议院失掉了多数席位，可以此作为开端。当时，在野党并不团结，时任自民党干事长小泽一郎努力笼络在野党，且产生了一定的效果。如此一来，自民党政权便不用陷入后期的扭曲国会状态而维持正常的运营。然而，根据随后的过程，自民党必须等到 2016 年才重新获得参议院的多数席位。换句话说，在平成年间的大部分时间，自民党一直是丧失参议院多数席位的状态。结果，不可避免的是联合执政，或是从未开

展过的某种补充性的内阁外合作。经过各种联合执政的组合后，1999 年以后，与公明党的联合执政成为自民党的基本战略。

扭曲国会问题的严重性在于，如果陷入完全扭曲的困境，那么除预算外恐怕无法通过所有正常的法案。众议院确实可以利用《宪法》第 59 条所规定的优先程序，以三分之二的得票数克服参议院的反对。然而，实际上，由于会期制度的限制，执政党与在野党之间谈判的惯例等原因，很难使用这样的“强硬”手段。结果便是参议院几乎掌控了所有正常法案的生杀大权。

更大的问题是，除了 1990 年前后几年，日本的财政状况保持恒常且大幅度的赤字。如此一来导致税收不能覆盖政府的支出，每年便有必要制定“特例公债法”来支付。但是，该特例公债法是“法律”，而非“预算”，事实上这种机制也几近于日本独有，总之它意味着极其严重的问题。换言之，即使在众议院多数议员的支持下政府能够作出预算决定，也无法在扭曲国会的状态下确保执行这些决定的财源。结果，参议院多数派拥有实权使政府瘫痪。这才是扭曲国会问题所带来的政治不稳定的根源。

✜ “在野党国会”与艰难的改革

由此，人们不禁会产生疑问：为什么到目前为止还保留着应对“扭曲国会”的机制。基本毫无建树的两院协议会这一制度，是最容易理解的例子，它几乎没有开展过任何改革。如此不作为的原因在于，在不存在政权交替的情况下自民党可以在参众两院稳定确保多数席位，对国会开展实质上的一院制运营。实际上，也早已为这一运营方式建立起各种机制。换言之，这是一党优位型的55年体制所造成的特殊国会体系的固定化过程。

但是，就国会而言，问题不仅存在于毫无建树的二院关系，还存在于非常广泛的范围内。程度严重且相对众所周知，例如执政党与在野党的国会对策委员会在密室就国对政治[1]的时间表发生争执、审议空心化、首相及阁僚过于拘束等。不仅如此，执政党议员极度不活跃、全体会议被

1　国对政治指日本国会的一种运营方式，为了使国会运营更为顺畅，执政党与在野党的国会对策委员长之间将本应在国会正式会议及委员会（包括理事会在内）会议上探讨的内容以不公开的方式进行沟通讨论，实际上掌握着国会运营的实权。——译者注

削弱得与其他国家无法比拟、委员会体系发生根本性变质等，恐怕国会已变得极为不合规则。即使只给出基本数字，全体会议一年也仅有70个小时左右，约为英法两国的二十分之一至十五分之一。另一方面，自民党议员每人在委员会上的发言数量仅为3%至5%，与共产党等相比，少得令人绝望（野中尚人、青木遥《政策会议与没有辩论的国会》，朝日选书，2016年）。

在此无法详细讨论为何会出现这种极端的无规则性。然而，重要的是，这样的国会结构是战后政治不可分割的组成部分，是形成55年体制的支柱。从本质上讲，执政的自民党通过建立55年体制有效地“退出”了国会这一舞台，取而代之构筑起来的是所谓的执政党事前审查制度，且完全依靠它。这便是以自民党政务调查委员会为舞台的族议员政治。

在执政党退出之后的国会，作为理所当然的结果，在野党的活动比重加大。尽管在野党因追逐丑闻而获得负面评价，但另一方面也起到检察执政党的政治态度的作用，虽仅限于安全保障问题等，它毕竟通过辩论政策问题向民众提示了争议焦点，也算履行了一定程度的职责。从总体而言，国会已接近“国会为在野党而存在”的状态了。

关键在于，只有在野党积极活跃的国会体系，是由执政党与在野党确立55年体制的过程中协商形成的。执政党在事前审查中采用实质内容，而在野党在国会程序中对其进行核实时则对应使用某个“名称”。当然，国会的结构变得极不规则后，也就免不了徒有空壳了。不过，这些机制是由执政党与在野党根据过去的做法和案例构建起来的，在不存在政权更替的情况下适应了55年体制。换言之，它们成立的前提是执政党与在野党永不交替，它们是由执政的自民党所建立的、与在野党共存的机制。这才是国会改革困难的根本问题所在。因此，即使整体政治局势因存在政权交替的可能性而发生变化，也难以轻易实施相应的改革与修正。

✜ 官邸主导体系的形成与“执政体制”的混乱

另一方面，强化首相的领导与构建官邸指导体制方面已取得相当大的进展。在55年体制下，每一位国会议员都拥有一个自治的选举基础，由于派阀体系的权力分散，执政党通过事前审查制度建立起强大的影响力，对政府的决策拥有部分拒绝权。这样的状态被称作政府与执政党的二元体制，换言之，这个“强大的执政党”是以牺牲首相与官邸的顶层领导力为代价的。

然而，曾经强大的执政党现在完全置于首相官邸的指挥之下。政调会的事前审查被淡化，以人事权为杠杆的官邸主导权变得不可动摇。至少，只要总理担当“选举的招牌”，便可知挑战官邸变得更为困难。在政策制定方面，政调会与族议员的影响力已大不如前，以首相官邸为主导的政策会议机制已起到了决定性作用。

强化以首相、官邸为中心的政治主导，存在政府内部加强官僚控制的一面。围绕森友、加计两校问题上的异乎寻常的“揣度”现象，无论是好是坏，都成了其佐证。2014 年国家公务员法进行重大修改，公务员人事制度整体发生巨大变化，其中一项核心便是针对管理层职员强化官邸的人事权，这通过设置内阁人事局而得到集中。现在甚至可以说所有管理层职员都关注着官邸的意图。当然，民主选举产生的政治领导人也有必要在运营政权的基础上加强统率力。然而，另一方面，与公平性、专业技术性或政治性的短期判断有所不同，政府行政部门有必要拥有长远眼光，这与政治中立性的要求也息息相关。就以上观点而言，平成年间所追求的针对官僚的政治主导强化问题，从人事统制方面来看有些偏倚，这恐怕会引起相当严重的畸变（村松岐夫编著《公务员人事改革》，学阳书房，2018 年）。

与 55 年体制相比，上述的政府内部强化官邸主导体制，便是所谓的“执政体制”的重大变化。

众所周知，55 年体制通常表现为“官僚内阁制”（饭尾润《日本的统治构造》，中公新书，2007 年）。政府内部由各省部的纵向权力分割管辖体系组织起来，进而通过“行政运营方式”统合进行整体运作（村松岐夫《日本的行政》，中公新书，1994 年）。其中之一的例子便是事务次官会议。另外，人们认为“政治”在各省内部的作用极为有限，这清楚表明，就连大臣官房也几乎由专业行政官僚占据。在形式上各省二把手——政务次官，往往被形容为“盲肠”，这也象征着“政治”的弱点。此外，国会中相当于政府委员会的制度，本应是政治上最重要的舞台，就连此地也成了行政官僚发挥重要作用的地方。上述政官关系的重大转折，正是对日本传统的“官僚”主导机制及其运作体系的根本性破坏。

问题在于，这样的转变既有积极的一面，也有消极的一面。简而言之，破坏拆除旧体系之后，新的稳定性与平衡性尚未构建起来。

以前的机制无论是好是坏，政府内部的议事规则都非常清楚。但官邸主导名义下若允许任何无规则情况，那就过头了。首相秘书官与辅佐官如何定位、内阁官房与内阁府内部以及各省的磋商机制使用什么规则建立起来、公文管理体制具体如何、政府决策能够在多大程度上对民众负责，这些问题不仅限于近年来的日本，对平成政治改革所造成的冲击与混乱也是巨大的。应该说，通过政治主导的口号所开启的改革并未给执政制度带来新的体系。尤其值得一提的是，除非建立一种考量政治责任意义并切实确保的机制，否则普遍存在的政治不信任的根源将继续存在。

✣ 平成政治改革——意义与局限性

最后，平成年间推进的政治改革，极大地改变了 55 年体制时代的政治框架。自民党派阀分权体制、以执政党事前审查制度为基础的强大执政党体制已大大削弱，其背后是首相官邸主导的顶层领导体制的强化。造成这些变化的主要原因是选举制度的变化，而政权交替的逻辑则是其根本所在。另外，政官关系方面，首相官邸的主导性得到了大大加强。即使在政治主导的主要趋势中，首相官邸的权力尤其突出。其背后则是通过政府机构、公务员制度的改革向首相官邸集中人事权。

另一方面，在55年体制时代，作为一种制度化的国会，在没有政权更替的前提下形成执政党与在野党共存的机制，而这一框架仍然毫无变化地保留至今。政权交替可以称之为准政权交替的“扭曲国会”，针对这样的新形势也无法顺利进行响应。55年体制建立的体制以执政党“退出”国会为前提，所以对此进行大规模的彻底性修改本身并不容易。而且，战后国会的体制是由包括自民党在内的所有各立场当事人协商后建立起来的，这使得国会改革陷入极为困难的境地。

在政权交替的前提下，在野党需要对其作用如何进行改变？相对地，执政党放弃事前审查制度，如何重新回到国会的“正常”角色？另外，国会与政府之间的关系真可以保持不变吗？国会原本的审议、辩论功能如何重建？从本质上而言，许多极为重大的问题几乎没有得到解决。

简而言之，平成年间旨在摆脱昭和时代的政治改革得到了推动，但结果却千差万别，目前缺乏整合性的要素。首相官邸及内阁府周边的乱象、政治责任原则的不确定性等，不少也在执政体制内部成为问题。对官僚人事权的集中也存在矫枉过正的一面，为了消除极端的揣度现象，也有必要进行改革。另外，自民党内部活力已大幅度下降，且尚未建立与首相官邸主导共存的新执政党体制。就整体而言，平成时代是一个重大的转折点，刷新了战后昭和后期所形成的政治体系，而这一转变仍在进行中。

扩展阅读书目

中北浩而：《自民党——"一强"的真实面目》，中公新书，2017年。

作者是研究战后政治史、现代日本政治的专家。本书以55年体制以来的变化与对比为基础，多角度分析近年尤其是第二次安倍内阁以后政权运营下的自民党现状。使用丰富的数据描绘了派阀、职位分配与决策机制、选举与地方组织、友好团体、个人后援会等自民党实际状况。

药师寺克行：《证言：民主党政权》，讲谈社，2012年。

该书是资深媒体人的采访集，采访对象是数位掌握民主党政权成立及运营的核心政治家。各当事人的亲身描述能从各个角度体现政权交替的困难与日本政治的特质。

日本重建提议：《民主党政权：一个失败的验证——日本政治》，中公新书，2013年。

民主党政权的自灭和消亡原因何在？又是如何走向这条路的？除了政治主导相关的各类提案、宣言困难重重，加上政党运营混乱等问题，该书还从经济财政、外交安保政策方面开展探讨，从而尝试概述政权交替和民主党政权。

佐佐木毅、清水真人编《演习：现代日本政治》，日本经济新闻出版社，2011年。

政治学者加媒体人，再加上务实派协助的写作组合，在自民党下野、民主党政权成立的时间点进行综合性分析。该书对民主党政权真实状况、日本政治结构侧面（政治改革的历史、政党国会或内阁官僚制），以及选举动向、政治与国际金融市场的关联加以探讨。

大山礼子：《日本的国会——以审议的立法府为目标》，岩波新书，2011年。

作者广受好评的分析国会实际状态的著作。本书以简单易懂的方式论述了日本国会的特征，在历史经纬、对比其他主要国家议会的基础上，指出一些重要观点——国会审议空心化、国会上内阁存在感低、参议院实际上拥有很强的权力等等。

佐佐木毅：《政治的精神》，岩波新书，2009年。

作者是日本代表性政治学者。本书探讨的主题是“支持政治的精神基础、根底与政治性统合”，力求打破“政治拥有既硬却柔、捉摸不透的现实一面”进行解释。特别设立“政党政治的精神”一章，从政党政治的观点记录“日本政治的备忘录”，寓意深远。

内山融：《小泉政权——“激情首相”改变了什么》，中公新书，2007年。

本书是分析小泉纯一郎政权的有力专著之一。原本被动的日本首相与小泉的领导风格存在何种差别。通过比起党内力学更重视向媒体诉说的政权运营手段，巧妙分析了诉之人情胜于人人理性这一点。

佐佐木毅、21世纪临调[1]：《平成民主主义——政治改革25年历史》，讲谈社，2013年。

主导平成时期政治改革的21世纪临调及其事务所加上参与其中的学者们，将25年间政治改革的历史归纳于本书。尤其是第二部分对政治改革的轨迹进行探讨，添加了极为丰富的数据，通过临调所发布的各类提议，能够再次详细确认改革的具体争论焦点。

牧原出：《重塑岌岌可危的政治——21世纪日本行政改革论》，讲谈社现代新书，2018年。

作者是日本代表性行政学研究者，同时也精通政治学分析。本书探讨了政治改革、政官关系的各种方面，并不是静态的制度分析，而是通过“制度运作”屡次论及不经意的过程所导致的结果。

1　21世纪临调是“建设新日本国民会议”（新しい日本をつくる国民会議）的常用提法，该组织成立于1999年，其前身为1991年成立的民间政治临调。21世纪临调聚集了经济实业、劳动雇佣、自治体、媒体、学术研究、NPO等各界150位左右成员，从不偏向任何政党的中立立场建言献策，已提出了众多目标，比如改革政党政治、实施以生活者为起始点的分权改革等等。——译者注

第三讲　官僚体制、地方自治体制的闭塞

◎金井利之

✤ 引言

平成 30 多年历史，其自身并不一定是一段有意义的史学分期。原本通过天皇在位时间与年号的方法进行分期，属于明治时代以后的“维新”史观。当然，我们不会陷入“维新”史观。不过，反过来说，采用平成史这一框架，也是一种自由。“维新”（restoration）史观式的分析——从受外部压力刺激产生的“攘夷倒幕”论转变为“御一新即复古”论，给予笔者提示。由此一来，平成史是以“战后局限性”所造成的功能失灵为背景（1.“战后局限性”的结束），尝试突破“战后局限性”（2. 对“平成民主”的探索），改革机会失去后陷入堕落的过程（3. 落入“维新改革”的陷阱）。

冠以年号的“大正民主”，曾以废除功能失灵的山县有朋派阀和有司专制，实施“民本改革”为目标[1]。尽管“大正民主”催生出了政党轮流执政的局面，但由于其发展的不成熟导致“民主主义倾向”（波茨坦宣言）的夭折，从而在昭和前期（1926–1945）堕落成了军国主义体制。就这一意义而言，平成史同样也是为克服功能失灵（1.“战后局限性”的结束）而诞生的“平成民主”的挑战（2. 对“平成民主”的探索），以及其挫败、不成熟（3. 落入“维新改革”的陷阱）的历史。

经过整理以上三大局面，本讲想据此探讨官僚体制（“官僚体制的功能失灵”“官僚体制的改革”“官僚体制的闭塞腐蚀”）与自治体制（“自治体制的功能失灵”“自治体制的改革”“自治体制的闭塞腐蚀”）。

1 “民本改革”是指对藩阀有司独大的统治体制进行权力分散，还是指权力向政党政治、议院内阁制集中，两者皆有可能。

✣ “战后局限性”的结束

官僚体制的功能失灵

“政官企”的利益共同体

驻日盟军最高司令官司令部（简称 GHQ）占领政策也有采用间接统治方式的地方，除了废除陆海军的武官官僚体制外，由高级文官组成的日本官僚体制基本继承了战前战中以来的组织与人员集团。当然，内务省遭到废除，行政组织的“骨架”迅速重组，不过官僚人员本身并未进行大换血。因此，战后初期（昭和中期的 1945–1965 年）是国土型官僚[1]主导政策制定（村松岐夫《战后日本的官僚体制》，东洋经济新报社，1981 年）。

然而，随着自民党一党统治体制的确立，官僚体制与政党制度构建起了共犯关系。与多党制共存，对官僚体制的民主

1　“国士型官僚”指继承了战前以来特权官僚意识的官僚群体。在战后官僚类型中，另产生了“调整型官僚”与“吏员型官僚”。前者指随着55年体制的稳定逐渐与政治家合作制定政策的官僚群体，后者指 20 世纪 90 年代泡沫经济崩溃后“调整型官僚”受到批判后逐渐转型成为的官僚类型，特点在于保持无原则、不过度深入特殊利益相关的政治，保持行政官僚的中立性。——译者注

化而言至关重要，但结果是毫无政权交替的一党统治体制，从而导致官僚与一党制的执政党形成了政官勾结。随着经济成长而来的产业界利益团体也实现了政治活跃，由此形成了“政官企”利益共同体（森田朗《新版现代行政》，第一法规，2017年）。其性质并不是官僚主导、官僚统治，而是与政治、产业界共同对利害关系进行现实性调整的调整型、现实主义官僚所构建的政官企利益共同体（真渕胜《行政学》，有斐阁，2009年）。不论好与坏，它是一个国家政治层面上的利益分配系统，反映了经济界、财界及各产业界乃至与民众息息相关的利益。这便是昭和后期（1965–1989）所产生的“战后局限性”。

对官僚能力存疑

长期以来，日本的官僚体制一直被认为“很优秀”，这是以昭和后期的强劲经济为“依据”的（查默斯·约翰逊《通产省与日本奇迹》[1]，TBS-BRITANNICA，1982年）。因此，泡沫经济破灭后人们对官僚体制的能力产生了怀疑。

首先，通过扩大公共事业投资来缓解经济衰退已成为

1　该书中文版为唐吉洪、金毅、许鸿艳译《通产省与日本奇迹——产业政策的成长（1925–1975）》（吉林出版集团有限责任公司，2010年）。——译者注

常规，进行公共投资后经济未能复苏的情况下，财政赤字扩大。大坝、高速公路等不可阻挡的公共工程，反而成了证明“政官企”既得利益相互捆绑的真实证据，为人们所接受。此外，“政官企”这样的勾结方式，即使本身不构成违法，也已是一种结构性腐败了。

其次，面对1997年左右的亚洲金融危机，“金融护航体制”遭到重创而崩溃。此事引发了对当时管理银行证券的大藏省官僚的能力质疑。1995年爆发了所谓的“住宅专业金融会社”管理问题，1996年通过官方负担做了处理（设立住宅金融债权管理机构）。1997年11月三洋证券、山一证券、北海道拓殖银行破产。为了应对以上金融危机，依据《金融功能稳定措施法》向日本长期信贷银行注入了公共资金，但经历了伪造决算等风波后，对它们的救助及延缓措施宣告失败，1998年依据《金融重建法》《早期恢复法》，通过特别公共管理而将其暂时国有化。

对官僚腐败的批判

昭和中期与后期也出现了官僚腐败，包括九头龙水坝事件（1965），牵涉劳动、文部省官僚的利库路特事件

（1988—1989）等。尽管如此，腐败与贪污案基本都以政治家为目标，比如洛克希德事件（1976）、道格拉斯·格鲁曼事件(1978)、利库路特事件、东京佐川急便事件(1992)等。然而，随着泡沫经济的崩溃，官僚经济管理能力受到质疑，对官僚腐败的批判越来越多。

例如，1995 年，大藏省官僚（东京海关首长等人）接受了信用组合理事长的过度款待。1996 年，厚生事务次官等人因批准了特别养护老年公寓集团的补助金而接受贿赂。1998 年，大藏省官僚接受了银行、证券业者“不带锅子的涮锅”等的款待，泄露了检查日程表等信息。2000 年，新潟少女囚禁事件的受害者被发现当天，新潟县警察与警察厅特别监察队（关东辖区警察局长等）在聚众打“赌博麻将”，而且虚构了少女发现时的状况以及对她的保护情况。2001 年，外务省官僚（要人出访支援室室长）挪用了“机密费”。

艾滋病药物伤害事件（案发于 20 世纪 80 年代，1989 年提出诉讼，1996 年和解）、JCO 重大事故（1999）等，让人们对医疗、工程相关的技术官僚能力产生了质疑。不仅如此，制药业、核工业等构成的利益共同体自身的结构性腐败得到了公开揭露。（新藤宗幸《技术官僚》，岩波新书，2002 年；藤田由纪子《公务员制度与专业性》，专修大学出版局，2008 年）

自治体制的功能失灵

“政官地”的利益共同体

昭和后期也形成了由“地方”(即地方政官界)来替代“政官企”中“企”（产业界）的“政官地”共同体。执政党已成为地方民选议员为地方利益发言的地方，即所谓的利益诱导政治（斋藤淳《自民党长期政权的政治经济学》，劲草书房，2010 年）。

经济增长的成果在财政上对地方实行重新分配，这为地方上的就业奠定了基础。当地政官界及当地居民投票给执政党的政治家，作为回报，他们会获得经济利益。其中大部分通过基础设施建设的公共工程（比如高速公路、新干线、机场）及其“个别预算分配”（根据每一个具体地理位置来决定公共工程的预算分配）来完成，与经济措施相配套（“官僚体制的功能失灵”）。

对集权体制存疑

利益诱导政治必须由国家来分配经济利益，因而不可避免地采取集权体制。当然，由于以当地各界的强烈请愿为基础，所以无法由国家政客们单方面决定。只要与执政党的政策指向相适应，自治体的影响力就不会太小（村松歧夫《地方自治》，东京大学出版会，1988 年）。

然而，由于其集权性质，因此除了位置确认与优先顺序之外，无法整齐划一地反映出该地方的实际情况。此外，与国家政治的政策指向不符的要求将不会实现。尽管日本在昭和后期实现了“富裕社会”，但根据各地方的实际情况无法实现“丰富的生活”。于是，经过第三次行政改革推进审议会后，1993 年国会两院推动了地方分权推进决议，从而要求实施分权（西尾胜《地方分权改革》，东京大学出版会，2007 年）。

对利益诱导体制的批判

由于执政党能够垄断利益诱导政治，因此在党际选举竞争中占据优势。但执政党受到地方既得利益束缚，在国家政治层面中作出决策是非常困难的。此外，执政党的政治家为了能够在中选区制度下取得党内竞争的胜利，也不得不向当地承诺利益诱导，从而使利益诱导政治的束缚进入了一个再生产循环。

在此，执政党的“改革”派提倡了一个“干净”的“政治改革”，即通过引入小选区制度来防止党内政治家之间的利益诱导竞争，从而构建起一个超脱于地方利益的中央政权。对利益诱导政治的批判，一方面导致了 1993 年地方分权推进决议的落实，同时另一方面引入了旨在“政治改革”的小选区制度。自民党因“政治改革”而分裂，1993 年 8 月细川护熙内阁（非自民党联合政府）成立，同年 12 月决定引入有利于大型政党的小选区制度。

✣ 对“平成民主”的探索

官僚体制的改革

行政手续

昭和后期的“政官企”关系，是在通过行政指导的“默契”中建立起来的（新藤宗幸《行政指导》，岩波新书，1992）。各部门官僚共享其管辖范围的行业发展与维护的利益，并充当保护机构的角色而开展行动。对于行业或个别企业追求私利，他们并非从公共利益的角度来进行规范，而是以保护行业主流派为目的开展“指导”，从而体现行业利益。因此，各行业对行政指导自愿遵循。“大藏省中间负责人”连接大藏省官僚与银行业，是这种不透明共同利益关系的典型特征。

这样的关系可以通过产业界与官僚之间密切的信息交流来实现高效率及成果显著的行政管理，但也是腐败的温床。此外，也损害了包括外国公司（人员）在内业界外部的私利。只要是业界利益内部调整与日本经济增长相联系，就可以称之为“公共利益”。而它一旦引起经济摩擦、触犯美国的利益，从外压视角而言就是有害的了。

在这样的情况下，为了确定行政制裁的先前程序以及对行政指导进行限制，1993年11月颁布了《行政诉讼法》。《行政诉讼法》构想本身参照了美国法律，1964年第一次临时行政调查会也曾提起过，但并未在昭和后期的自民党一党统治体制中付诸实践。

放松管制

随着公共事业刺激措施的无效，经济政策陷入无计可施的僵局。在美国要求加强《反垄断法》的压力下，昭和时代用来防止过度竞争的萧条卡特尔[1]等被取缔，但实施起来非常困难。细川内阁时期，1993年“平岩报告”宣布以扩大内需为目的的经济管制缓和（取消、改革）。

放松管制的影响是多重的。一方面，削弱了官僚体制的监管（寄生）权力，削弱了对产业界既得利益的保护能力。但另一方面，官僚体制已将其权力扩大到设计监管改革上，从保护既得利益的困境中解脱出来，此外还将其管辖范围扩大到其他省厅所监管的行业领域，从而使具有竞争力的行业、企业的新勾结与利益寄生化为可能。

放松管制并不是一项经济政策。消除不合理的管制，使信息产业等新领域能够开展创新服务。然而，劳动规章的废除以及对追求私利的股东、管理层的放任，导致阶层

---

1 萧条卡特尔，指因经济低迷商品价格跌破生产成本，同行业企业在发生特定状况例如经营困难等的情况下结成卡特尔。日本的萧条卡特尔与合理化卡特尔被排除在1953年《反垄断法》以外，曾在很长一段时间内为政府所承认，直至1999年因《反垄断法》的修订而被禁止。——译者注

差距扩大，管理层、股东、富裕人群资产愈加雄厚，中产阶级瓦解，穷人愈加贫困。

公开信息

官僚体制的权力源于对工作知识的垄断，因此信息公开（信息自由法律）是民主掌控官僚体制的重要问题。自20世纪80年代起，以神奈川县为先的各自治体开始广泛引进信息公开条例。但国家层面上，细川内阁时期才开始将《信息公开法》作为具体问题来对待。此后，尽管政权架构发生了变化，但经过行政改革委员会等的审查后，1999年通过了《信息公开法》（2001年实行）。

日本的信息公开法并非基于美国式的“知情权”“信息自由权”，仅仅是基于行政方面的问责制。另外，若行政人员未进行认真搜索，便视为“文档不存在”。据说1996年艾滋病药物伤害事件档案之所以被“发现”，不仅因为当时厚生劳动大臣菅直人作了指示，还因为这是针对医疗与制药技术官僚的无能为力，文职官僚所采取的对抗行为。此外，信息公开的义务化会导致官僚阳奉阴违，例如不创建、简化、销毁或擅自私下留存文档。伴随着详细制作与存储义务的公文管理仍然无法产生实际效果，其影响大打折扣（稍后在“融化于揣度官僚体制”中进行叙述）。

事后、事前的评价

若对政策能力不生疑念，则无须事后进行检查。然而，既然对已敲定的公共事业等的适当性存有疑问，自治体就引进以“事务事业评估”与“时间评估”为名的行政评估。国家层面对行政评估的关注度也在提高，2001 年颁布政策评估法。此外，作为事前评估，1997 年颁布环境影响评估法，监管影响分析作为监管改革的一环被引入试运行（山谷清志《政策评估》，密涅瓦书房，2012 年）。

原本政策评估通常由垄断工作信息的行政机构自行开展。所以，与其说是政策的检验，不如说是政策辩解、传播。也正因为如此，政策评估需要来自外部、第三方立场及具有独立性，但总务厅（现为总务省）针对各省厅的行政监察、行政评估也还是在内阁，毫无外部性可言。而所谓的政策评估，则是官僚体制针对 90 年代所要求的改革构想的反动措施，该改革构想旨在加强会计检查院并将其用于行政监视与绩效评估（西川伸一《改变这个国家政治的会计检查院之潜力》，五月书房，2003 年）。

大藏省解体

泡沫经济的崩溃削弱了总管经济的大藏省（当时的经产省由于并不承担经济政策的制定，因而未遭到打击）。另外，大藏省作为“官厅中的官厅”，任何政权上台执政后总是提供支持，即使是非自民党的细川内阁，当然亦会辅佐。小泽一郎（执政党新生党代表干事）与大藏省事务次官斋藤次郎之间的“蜜月”关系便是佐证。然而，就自民党的角度而言，在自民党一党统治体制下，“政官企”利益共同体是“永久存续的”，官僚体制与自民党呈一体化，是其“党仆”“私仆”，因此会有一种背叛之感涌上心头。等到自民党再度回归执政后就对大藏省进行复仇，认定大藏省毫无能力、腐败，从而将其“逼上了绝路”（真渕胜《大藏省为什么走投无路？——政官关系的变迁》，中公新书，1997 年）。

大藏省解体论以昭和中期左右主计局的内阁接管论为中心。由于预算显示了政府的政策，因此这是个在内阁直接控制下制定预算的设想。但是，如上所述，大藏省本身就是支持政府的，无需将主计局移交给内阁。在此期间引起争议的反而是金融行政从财政理论中剥离出的“财政金融分离”论。

1992 年，以美国证券交易委员会（SEC）为模型成立了证券交易监督委员会，作为大藏省的审议会而存在。1998 年日本银行的行政当局以及独立于大藏省的倾向得到强化。1998 年 6 月作为首相府编外部门，金融监督厅（包括证券交易监督委员会在内）设立，关闭了大藏省银行局与证券局。不过，在这一阶段的调整仅停留于分开企划立案与监督，大藏省金融企划局得到了保留。然而，金融危机期间的 1998 年 12 月成立了金融再生委员会，金融监督厅交由该委员会管理。2000 年 7 月，金融监督厅与金融企划局合并成立金融厅，由此大藏省的国内金融行政被完全剥离。不过，国际金融行政仍留在大藏省，2001 年随着省厅的改组，大藏省改组为财务省。这一时期，金融再生委员会遭到撤销，金融厅被划归内阁管理。战后改革旨在“解体内务省”，而“平成民主”改革则意在“解体大藏省”。

自治体制的改革

市民代理人

各自治体灵活利用预先开发的信息公开制度来澄清过多食品费与差旅费等的实际情况，这是由市民代理人来做的。为了获得补贴与公共工程的个别预算分配，自治体职员使用食品费“招待”官僚即“官官款待”，还提供游山玩水般的调查出差、棒球大会等拉近关系的活动，这些实际状况均得以查清。就这层意义而言，如果把行政程序比作药效慢的“中药”，信息公开则被视为一剂“猛药”。

此外，在支出违法的情况下，当地居民可以通过居民监察请求提起居民诉讼，能够让首长、职员等负责人作为个人、让自治体作为集体进行赔偿。这一居民诉讼系统以美国纳税人诉讼为蓝本引进于战后，因市民代理人的活动而被激活。

“改革”派首长

昭和后期，自治体也形成了以“政官企”利益共同体为基础的“共事”应援执政党体制。泡沫时期因财政资源丰富，泡沫经济破灭后土木工程作为刺激经济的手段依然不绝，导致财政恶化。现有政党（主要为自民党、公明党）的“共事”首长无法阻止该趋势，“改革”派首长作为不满之声的接收者就此登场。

就紧缩财政与压缩服务层次而言，“改革”派首长领先采取了新自由主义性质的政策。因此，一旦国家政治层面在 21 世纪头十年实施机构改革即新自由主义政策，就显得存在意义大为降低。指向透明、符合民意，就批判公共事业的意义而言确实是“改革”，且对环境友好。但从期待经济振兴的意义上讲，则是偏保守的经济政策。例如，时任三重县知事的“改革”派北川正恭将市民代理人定位为“必不可少的敌人”，推进信息公开与事务事业评估，取消芦滨核电站的建设，开始征收工业废物税，通过补贴吸引夏普建立龟山工厂。

当地居民投票

随着自治体的“政官企”利益共同体受阻，与大多数普通民众的政策意愿出现了方向性偏差。于是，以应该直接听取居民的声音为思想缘起开展居民投票的运动。直接参政组合（要求辞职解散，要求制定、修改、废除条例，要求事务监察）未获得居民投票，因此有必要从制定居民投票条例开始推进工作。由于首长与议会的意图跟普通民众产生了偏差，导致居民投票条例的必要性，也正因为如此，首长与议会不愿制定该条例，这其中存在着根本性困难。尽管涉及辞职要求、选举等，居民投票条例还是被制定出来了。以 1996 年 8 月卷町居民投票为嚆矢，主要针对核电站、基地建设、工业废物处理设施、活动堰等公共事业举行了居民投票（中泽秀雄《当地居民投票运动与地方局限性》，收获社，2005 年）。

最初也存在着诸如“拒绝间接民主”之类的阻力，不过居民投票本身逐渐为人所接受。在后来的“平成大合并”中，居民投票被标准化。但这也可能是一种“民主主义的失灵”。当政者为了正当化其政策方向而使用居民投票实施“全民公决”，这可以从 1996 年 9 月冲绳县因美军基地所举行的居民投票中看出。

“改革”派首长与居民投票也成了 21 世纪头十年孕育“平民主义”“剧场型”“失控”“独裁”领导人的土壤，

以时任大阪市长的桥下彻为代表（产经新闻大阪市社会部《桥下语录》，产经新闻出版，2012 年；有马晋作《剧场型平民主义的诞生》，密涅瓦书房，2017 年）。

地方分权

1993 年国会两院接受地方分权推进决议，使促进地方分权达成了超越党派的共识，从而克服了新生政权的过渡难关。尽管自民党支持“战后局限性”的“政官地”集权体制，但所参与的村山富市内阁（自民党、社民党、先驱新党联合内阁）于 1995 年颁布地方分权推进法。

其成果便是 1999 年的分权系列法案（2000 年实施），也被称为 2000 年改革。改革委员会继续着手遗留问题，实施“第一次分权改革”。主要内容为废除机构委任事务制度、区分法定受托事务及自治事务、建立一般参与规则、建立国家与地方争端解决系统等，这也称为参与改革。剩下的问题便是税财政改革、法律本身的规制密度缓和以及事务权限转移。此外，分权改革是框架性改革，实际上能否灵活使用取决于每个自治体的活动（金井利之《自治制度》，东京大学出版会，2007 年）。

✣ 落入“维新改革”的陷阱

官僚体制的闭塞腐蚀

内阁功能强化、中央省厅重组

在“平成民主”中，决策者对追求权力的反向攻势加强了（村松岐夫《政官密集型领导力的瓦解》东洋经济新报社，2010年）。在政界动荡与政权不稳中，实际支持政策运营的是以官房事务副长官石原信雄为顶点的官僚体制（石原信雄等《首相官邸的决断》，中公文库，2002年）。由于执政党的暂时性弱化，“官僚统治”显得非常突出，政界提出了“政治主导”的口号。由此，桥本龙太郎内阁根据行政改革委员会的建议，着手推进内阁职能的强化（田中一昭、冈田彰《中央省厅改革》，日本评论社，2000年）。

此外，在“政官企”利益共同体及官僚追逐利益、日趋腐败的背景下，现有省厅之间存在垂直分工，经诊断认为有必要超越省厅框架范围进行政策调整，于是在桥本内阁的统筹下进行了大刀阔斧的省厅减半工程（整合、重组）。

当然，既然以整合与重组各部门为前提，政官企利益共同体原则上不会消失（今村都南雄《官厅部门主义》，东京大学出版会，2006年）。但由于各省厅官僚体制的“管辖范围”受到暂时性影响，部分官僚拥有了伸向内阁与其他省厅范围追求权力的空间。

上述桥本行政改革实施于2001年，小泉纯一郎内阁正好利用了这些成果（竹中治坚《首相统治》，中公新书，2006年）。作为内阁重要会议的经济财政咨询会议得到了充分利用，以编制预算为首，在政权选定的政策领域内，使“官邸主导”的“结构性改革”成为可能。此外，第二次安倍晋三内阁也以内阁官房长官菅义伟所领衔的内阁官房为中心，推行“安倍经济学”“1亿人总活跃”“积极的安全保障”“工作方式改革”“接收外国人力资源”各项政策，实现了“安倍一强”体制（牧原出《“安倍独强”之谜》，朝日新书，2016年）。然而，加强内阁职能无法百分百保证获得像这两大内阁一样的官邸主导。这两大内阁之间的6个短命内阁未能成功获得“政治主导”，被政权的管理技巧所左右（牧原出《权力转移》，HNK BOOKS，2013年）。

外围团体改革

在“政官企”利益共同体中，外围团体是“政官企”之间人力、资金的黏合剂。特殊法人[1]、认可法人[2]作为行政的一线机构，它们是与业界联系的交点。此外，财团法人[3]、社团法人[4]等公益法人中，实际上也有部分栖息于利益共同体之中的“官方公益法人”。于是，政府实施了特殊法人等改革、公益法人改革。例如，小泉内阁时期对道路四公团（特殊法人）、日本邮政公社（特殊法人）开展了民营化改革。

---

1 特殊法人为日语词汇，指为了开展国家公共事业依据特别法律而成立的法人组织，由政府、地方公共团体等的出资占比过半或以全资建立，并实施特别监督，比如有日本放送协会、日本中央赛马会、日本道路公团、日本学术振兴会等。由于存在官压民等问题，特殊法人改革成为行政改革的重要一环，经过废除、民营化、独立行政法人化等措施，特殊法人的数量大为减少。——译者注

2 认可法人为日语词汇，指依据特别法律、民间意愿所成立的法人组织，有的与特殊法人相对，比如各地的商工会议所、商工会、和平纪念事业特别基金等；当然也有与特殊法人极为相似的认可法人，比如日本银行、日本红十字会等。——译者注

3 财团法人为日语词汇，指以一定目的而结成的、以资产运营为基础的法人组织，2008 年前财团法人全部为公益法人，2008 年一般社团财团法人法实施后有两类：满足一定条件方可成立的一般财团法人、认定为公益法人的公益财团法人，两者依据的法律依次为一般社团财团法人法、民法。此外，另有宗教法人、学校法人、医疗法人、社会福祉法人等依据特别法成立的财团法人。——译者注

4 社团法人为日语词汇，指以一定目的而结成的、以人为主体的法人组织，2006 年前仅有公益社团法人一类，2006 年民法修订后有三类：满足一定条件方可成立的一般社团法人、认定为公益法人的公益社团法人、以盈利为目的的盈利社团法人，三者依据的法律依次为一般社团财团法人法、公益法人认定法、公司法。运营方式方面社团法人与财团法人差别并不大。——译者注

此外，外围团体改革也包括因既得利益共同体动摇而重组，使之更接近于现实状况。利用外围团体的情况并未减少。为了明显减少行政组织及其工作人员的数量，以相关设施为中心，将独立行政法人、国立大学法人等转为外围团体。通过设定中期目标、加强评估控制，政官的权力扩大了，由此也导致了例如与大学行政相关联的文科官僚的腐败（2018 年 7 月前科学技术、学术政策局局长因收受贿赂嫌疑而被捕）。即便实施了邮政民营化，政府系统的金融职能也不会减少。比如，养老金累积管理运用独立行政法人（GPIF）的股票购买与股价维护操作（PKO）得到了加强。

为了支援民营企业，还设立了产业再生机构（2003—2007）、产业革新机构（2009—2018）、产业革新投资机构（2018— ）等外围团体。通过“支援”，民营企业本身成了官方管理下的外围团体。例如，东京电力因 2011 年 3 月福岛第一核电站所发生的严重事故而实质性破产，官方为了支援它于同年 9 月成立了核能损害赔偿支援机构（现为核能损害赔偿废炉支援机构），于是东京电力通过该机构实际上被收归国有了。进而言之，随着行政服务向民营开放，民营企业开始承担起了公共服务的功能，企业本身开始与外围团体同质化。只要提供公共服务，就必须受到政官的监管，政官企利益共同体由此得到了进一步强化。

公务员改革论

2001 年的各省厅重组属于框架性改革，作为“内容”的公务员制度改革问题仍留待解决。1999 年 3 月，公务员制度调查会提出了《公务员制度改革基本方向相关报告》。对此，以经产省官僚为中心摸索了“官僚精英对官僚的改革”，从而成为 2001 年 12 月的公务员制度改革大纲。它废除职阶制度，引入“能力等级”。政府试图通过干预被称为政策协调系统的其他政府机构的“管辖范围”，来恢复各省厅高级官僚的权力与自由，以削弱人事院（新藤宗幸《我有异议！公务员制度改革》，岩波 BOOKLET，2003 年）。

然而，在小泉内阁中，经产省官僚无法掌控主导权，公务员制度改革停滞不前。人事院根据预期的管理方向，进行了降低薪金从而削减财政支出的薪金结构改革。之后，六届短命内阁（2006—2012）期间，公务员制度改革理论再次出现（2008 年国家公务员制度改革基本法），以废除职阶制度、废除精英官僚体制为名义，将录用考试作为招收综合职位与普通职位的主要手段。

不仅如此，政权掌控干部层的想法在“政治主导”美好旋律中出现超越党派的动向（塙和也《自民党与公务员制度改革》，白水社，2013 年）。民主党执政期间尝试建立自律性劳资关系（授予缔结协议的权利），但受挫失败，为了东日本大地震的重建，减薪要求在“政治主导”下得以实现。最后，在第二次安倍内阁的领导下，通过设立掌控干部层人事权的内阁人事局来弱化人事院，从而完成了一系列公务员制度改革。

融化于揣度官僚体制

在昭和后期的政官企利益共同体中，各省官僚与执政的自民党抱团形成组织，因而就这层意义而言，官僚成了将党派偏向内化的“党仆”。不过，正是不存在政权交替的可能性，也没有显示出取而代之的政策取向，他们才能享受“中立”的神话。然而，自细川内阁（非自民党政权）于 1993 年成立以后，政党离合聚散，政权架构发生变化，每有一个政策项目就形成部分联盟，官僚无法确立起宣誓忠诚的党派立场，因而使政界产生了怀疑。当然，随着内阁的不断更迭，在鸠山由纪夫与菅直人内阁时期有些官僚并未失去自民“党仆”的党派立场的“矜持”，比如外务官僚、防卫官僚、海上保安厅长官等，这也在一定程度上使政界增加了对官僚的不信任。

于是，发誓对当时的政权或执政政治家表示个人忠诚与服从就变得重要起来。作为部门而言，不同官僚跟随不同政客的分工是整个官僚组织的风险对冲。例如，官僚组织整体继续效忠已下台的政治家（比如安倍晋三），与继任政权关系会非常危险。但作为组织倒向继任政权，那么在下台的政治家重新挑战成功后也是非常危险的。因此，每个官僚都作为不同政治家的“私仆”表示忠诚，从而保证官僚组织权势的稳定。

一旦官僚作为组织支持政权，就时不时要遭黑手。财务省支持增税的民主党政权，在第二次安倍内阁时常受到质疑。于是，在森友学园问题上，官僚组织全力支持第二次安倍内阁，引发了集体篡改公文的事件。同样，厚生劳动省、法务省误用调查数据，防卫省则隐瞒《南苏丹日报》。

在追随官僚的私人化、“私仆”化背景下，政府可以通过政治任命来提拔、左迁官僚，从而达到操纵官僚界的目的，雄心勃勃的官僚可以借用这些政治家的威严实现自身的权力欲望。比如，小泉内阁从各部门召集人才到官邸，将反对邮政民营化的官僚降级，解雇日本道路公团总裁（建设类技术官僚）藤井晴芳（诹访雄三《道路公团民营化》，新评论，2004 年），第二次安倍晋三内阁也迫使白川方明辞去日本银行总裁职，并任命黑田东彦（前大藏官僚）担任安倍经济学的负责人。为了通过承认集体自卫权的宪法解释，内阁法制局长官之职交到了小松一郎（外交官僚）手中（轻部谦介《官僚们的安倍经济学》，岩波新书，2018 年）。

如果通过政治任命能将随己心意的官僚安排在组织的最高职位，那么官僚组织本身及下级官僚将像多米诺骨牌效应一样揣度度日。内阁人事局便是这类揣度官僚体制的象征，不过在它设立前，官僚体制解体趋势与官邸官僚的专横已发展到一定程度了（牧原，2018 年）。

自治体制的闭塞腐蚀

三位一体改革与“平成大合并”

第一次分权改革的遗留问题在财政方面。作为核心税源的所得税资源的转移，在扩大独立财源上促进了分权改革。由此，2004—2006 财政年度实施了三位一体改革，该方案在转移所得税源的同时也对地方交付税进行了改革，以填补被削减的国库支出。然而，无论是地方交付税，还是地方财政计划总额，都遭到了削减，失望情绪在自治体相关人士之间蔓延（小西砂千夫《地方财政改革的政治经济学》，有斐阁，2007 年）。

随着对“西尾草案”（2002 年 11 月）的接受，人们对地方交付税未来潜力的担忧迅速蔓延，这意味着小规模町村将合并成为其他团体的内部团体，对小规模市町村存亡持悲观见解的群体因此扩大。结果，市町村的数量从 3000 多个减少到 1700 个左右。全国各地的市町村从道府县获得合并框架的启示，声称“机不可失，时不再来”，疯狂奔走寻找合纵连横的合作伙伴。自治体并未将精力投入到政策制定上，而是因合并工作而精疲力尽，从而失去了利用

2000年分权改革发展自身的机会（今井照《“平成大合并”的政治学》，公人社，2008年）。

破产、规避提示、消失的可能性

对于这一时期的自治体制，个别自治体的存亡遭到人们怀疑。第一便是财政破产。由于市町村合并不会增加财源，在“结构性改革”框架下，地方财政其实是遭到削减的。作为最薄弱的环节，曾经的煤炭生产基地夕张市在2006年宣告财政破产，从2007财政年度起作为财政重建备用团体划归国家管理（光本伸江《自治的沉重感》，敬文堂，2011年）。由于其他自治体也处境艰难，2007年制定颁布地方财政健全化法案，要求在破产前尽早恢复地方财政的稳健性。因此，自治体被迫裁员，推出集中改革计划，从而控制劳动力成本，这导致政府制造的职场穷人有所扩张（上林阳治《非正规公务员》，日本评论社，2012年）。委托给民营和指定管理人员的方式扩大了非正规就业，另外自治体本身也开始依赖其他非正规就业。由于自治体的雇用方式变得过于杂乱无章与不合适，将从后平成的2020年度起引入会计年度任命职员制度（稻继裕昭《通过这一本就明白自治体的会计年度任用职员制度》，学阳书房，2018年）。

第二，继2011年3月福岛第一核电站发生7级严重事故之后，所有当地居民接到了疏散命令，从而导致该地区的町村范围内已成为空城（金井利之《核发电与自治体》，岩波BOOKLET，2012年；今井照《自治体重建》，筑摩新书，2014年）。即使部分居民因灾难接到疏散命令而离开，市町村内也有居民、政府官员留守，这在以前是很正常的，但意料之外的辐射污染却大大降低了居民们（尤其是儿童和妇女等）的回家意愿，导致自治体陷入存亡的危机。即便解除整个地区的疏散命令，常住人口也很难恢复到从前。

第三，2014年5月“增田报告”宣称，“有城市可能消失”或“地方撤销”（增田宽也《地方消失》，中公新书，2014年）。有关地方人口的减少，自20世纪70年代以来的防止人口过疏措施及90年代的边际定居理论已广为人知，与日本整体人口减少的危机感合起来看，以市、村、町为单位的地方消失是非常令人震惊的。自同年9月以来，第二次安倍内阁提出了“城镇、人员、工作、振兴（地方振兴）”口号，但并未根本性扭转这一趋势。为此，2018年总务省提出了“自治体战略2040年构想”，这意味着事实上撤销了“地方振兴”措施，决定转而采取一种可能导致人口下降（部分市、村、町消失）的措施。此外，第二次安倍内阁转向扩大接收外国人力资源，这实质上是一项移民政策。

其中，2011年11月大阪市选出了提倡大阪都概念的“大阪维新会”的桥下彻担任市长，从而开始自主讨论取消大阪市的“自决路线”。但是，在2005年5月的居民投票中，大阪市保存派赢得了胜利，取消大阪市的议案就此被推迟。于是，大阪府与大阪市开展合作，拼命申办2025年世界博览会（大阪湾大开发）以及吸引人开设赌场（造成赌博成瘾），以致在大阪留下许多负面遗产。

分权改革表面下的集权回归暗流

第一次安倍内阁于2007年制定地方分权改革推进法，地方分权改革委员会对此开展了有关义务性、框架化、权力移交的探讨。此外，即便改由民主党上台执政，也提倡“地方主权改革”，将分权改革作为“增强地方自主性与独立性的改革”持续了下去。“国家与地方商讨空间”也被法制化（2011年）。此外，尽管该委员会的建议处理于2014年结束，但以提案征集方式开展的分权改革将不会画上句号。

然而，加强内阁职能基本与分权改革水火不容。特别是强大内阁持续执政期间，自治体承受着中央政府的集权压力。比如，第一次安倍内阁针对遭受财务危机的夕张市制定了一项重建计划，由此夕张市将减少居民服务转而成为偿还债务的团体。此外，鸠山内阁时期搬迁普天间美军基地“至少到县外”宣告失败，此后历届内阁试图将其搬迁至边野古，到了第二次安倍内阁不顾冲绳县的反对开展强制执行（宫城大藏、渡边豪《普天间、边野古：被歪曲的 20 年》，集英社新书，2016 年）。

经过分权改革后，国家开发了各种各样的集权手法。当然，如果立法颁布，即使在分权改革后中央也可以进行集权控制。不仅如此，地方财政困难也相对提升了国家财政实力的价值。比如，促成平成市町村合并的正是财政实力。另外，在“地方振兴”方面并无任何特殊的法律义务，让自治体竞争地方振兴相关拨款名额，从而达到控制自治体的目的。美军重组拨款等仅拨给奉行国家政策的自治体，从而挫败了自治体的意志（周刊金曜日《拥有基地的自治体的斗争》，金曜日，2008 年）。

弱肉强食的竞争

中央政府的集权干预通过促进自治体之间的竞争而得到进一步加强。当然，有人指出，从昭和后期起，自治体之间的横向政治竞争导致了国家层面的纵向行政控制（村松岐夫《地方自治》）。自治体所属的能源经过国家筛选，发挥出了集权的效果。国家对遵守国家政策的“友好自治体”给予优惠待遇，以推进自身的政策意图。例如，因2017–2018年加计学园新建兽医学部问题而有名的国家战略特别区（今治市）等特区制度，便是其代表。

此外，不仅在国家资源（财政资源、权力等）的分配方面存在争议，地方自治体之间也存在相互的争夺。国家只是甩手作壁上观。比如，“地方振兴”方面，担心消失的自治体只能从其他自治体吸引移民。这样的移民争夺战并不意味着全国范围内自治体能够存续（山下祐介、金井利之《地方振兴的真相》，筑摩新书，2015年）。另外，“故乡纳税”制度（2008年度推出）并不在国家层面保障地方财政来源，而是成了自治体之间争夺税收来源的机制。争夺日益白热化，甚至有钱人也被演变成回扣竞争的大量返利在线购物所侵蚀（西川一诚《“故乡”的构想》，岩波新书，2009 年；高寄昇三《“故乡与纳税”》，公人之友社，2018 年）。

✜ 结语——失去的 30 年

平成史是“失去的 30 年”。在“战后体制”功能失灵的情况下，当初作为“平成民主”，推动了昭和后期的利益共同体改革（自治、分权记者会《平成民主》，日本评论社，2003 年）。然而，从“改革”的混乱中产生了政治家追求利益的反扑（藤井聪《维新、改革的真相》，产经新闻出版，2012 年）。

在经历“首相 = 总裁”的自民党规律被“打破”之后，“首相 = 总裁”规律得以“重建”并服从于自民党体制。这是自民党一党统治体制的“党政复活”，也是一次大回旋意义上的“革命”。这不单纯是利益共同体的复兴，还是针对那个为战胜“地盘”争夺而“私仆”化揣度度日的官僚体制、那个担心消失而开展弱肉强食的自治体制。

平成天皇依据现行宪法即位，依据现行宪法退位。然而，平成的官僚体制与自治体制仍然存在于日本列岛民众之中。能否在“后平成”存活下来，就看能否从揣度与弱肉强食的疯狂状态中解脱出来了。

扩展阅读书目

村松岐夫：《日本的行政——活动型官僚体制的改变》，中公新书，1994年。

本书写于昭和后期残留犹在、即将进入改革的时期，通过关键词“最大限度动员”概览“战后瓶颈”的整体面貌，是一部具有历史意义的佳作。书中稍微夸大描绘了远去的“传统而优秀的昭和”深色自画像，如今回忆起来，能勾起“昭和远去”的惆怅。

真渊胜：《大藏省为什么走投无路？——政官关系的变迁》，中公新书，1997年。

本书预料到了大藏省走向解体，在金融监督厅成立阶段早早对“大藏省走投无路”的实际情况进行了生动描写。作者的另一本书《大藏省统制的政治经济学》（中公丛书，1994年）分析了“战后瓶颈”，显示了财政金融的一体性导致财政赤字问题，本书则是其衍生学术成果。

西尾胜：《地方分权改革》[1]，东京大学出版会，2007年。

本书作者作为第一次分权改革的参与者，对分权改革开展了分析。由于出版于第一次安倍内阁时期，因而“平成民主主义”改革的余响还在回荡。尽管如此，分权相关的环境从20世纪90年代起已经恶化（《未完成的分权改革》，岩波书店，1999年），其后有人提倡“暂缓”改革（《自治、分权再考》，GYOSEI，2013年）。

清水真人：《平成民主主义史》，筑摩新书，2018年。

作者一直论述同时代官邸主导的财政政治，本书可谓是其俯瞰平成政治史的集大成作品。选举制度改革并未使“政治改革矮小化”，而是对统治结构改革的政治力学产生巨大冲击。这些具体状况在本书称为“政权选择选举”的“平成民主主义”史观或“21世纪临调史观”，像PPT资料那样简明地体现在书中。除此之外也可参照西尾隆《公务员制度》（东京大学出版会，2018年）。

牧原出：《重塑岌岌可危的政治——21世纪日本行政改革论》，讲谈社现代新书，2018年。

作者精准指出，政权和内阁政治需要内阁官僚来支撑（《内阁政治与“大藏省统治”》，中公丛书，2003年），没有可以进行政权转移的政官关系，政权交替政治就不可能被构建出来（《权力转移》，HNK BOOKS，2013年），本书便是作者的官僚体制论。改革无法保证其顺利发挥作用，会导致政党所左右的官僚制遭到破坏。本书从改革后权力的切实运营角度透视平成官僚史的未来。

1 该书中文版为张青松译《日本地方分权改革》（社会科学文献出版社，2013年）。——译者注

第四讲 日本企业的前途

◎ 石水喜夫

✤ 平成 30 年间变化剧烈的企业利润与员工报酬之间的关系

图 4-1“利润率上升过程中实际工资的演变”从企业利润与工资的关系角度，分析了平成 30 年间企业与员工的关系。随着经济的提振，从该图可见普通销售利润比率的增长及实际工资的变化。横轴以利润率开始上升的时间点为基点，显示了利润率如何随着经济增长而上升，即变化差异的关键点。另一方面，纵轴表示实际工资，而指数表示随着利润率的上升，从起点起工资增加了多少。

在经济发展过程中，GDP 随之增加，除了利润扩大外，

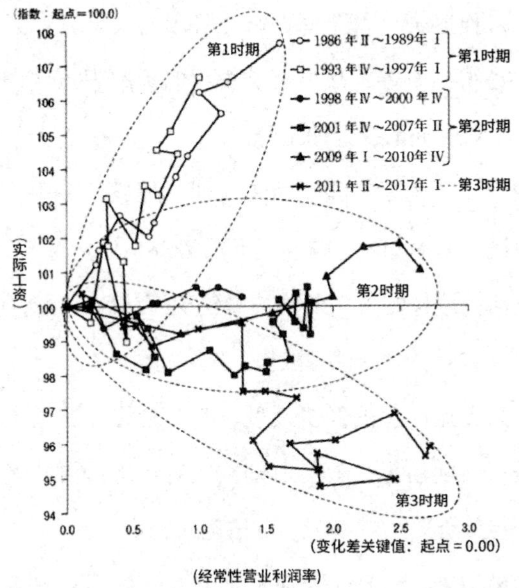

图 4-1 利润率上升过程中的实际工资演变[1]

根据财务省“法人企业统计调查”、厚生劳动省“每月勤劳统计调查”制作而成

1

1）经常性营业利润率是用经常性利润除以营业收入所得的百分比，是全产业（除金融业、保险业以外）、全规模数值。

2）实际工资是用消费物价指数（除去自有住房估算服务的综合）除以到手现金工资总额的指数，是调查产业统计事务所规模 30 人以上的数值。

3）数值为一季度的季度调整值。

4）对照经济上升周期，截取了经常性营业利润率上升过程（景气低谷之前存在底部的情况下从底部数值起算，时间段如右上角所示，每一季度用Ⅰ - Ⅳ表示）。

5）经常性营业利润率显示为起点开始的变化差，实际工资显示为以 100.0 为指数的起点。

6）伴随着利润率提升的实际工资演变分为三大类：①实际工资上涨过程；②实际工资横向滞涨过程；③实际工资下跌过程。同时这一系列过程所涉及的时间段按顺序划分为第 1 时期、第 2 时期、第 3 时期。

对劳动者而言失业率下降，就业环境有所改善，工资等劳动条件也得到改善。战后劳资关系的标准观点认为，工资会随着企业利润的提升而上涨。

如图 4–1 所示，像“第 1 时期”那样，工资曾经随着利润的提升而上涨，整体呈上升趋势。

然而，这样的关系随着消费税税率从 3%提高到 5%而在 1997 年画上句号，由此进入“第 2 时期”。

开始于这一年的经济衰退，其严重程度超过了泡沫经济的破灭，随后也为人们所知，但对经济形势的误判给日本经济与劳资关系带来了不可估量的影响。

话说回来，为什么会采取如此乱来的经济政策呢？另外，还有必要全面理解与评估当时在经济管理方面的思考方式以及所采取的管理决策。

图 4–1 上，还有另一个以利润与工资为标志的历史性转折点。

日本社会已从工资随利润的提升而上涨的“第 1 时期”过渡到工资不会随利润提升而上涨的“第 2 时期”，到了平成即将结束之际，终于进入了削减工资确保利润的“第 3 时期”。

探明企业利润与工资之间如此急剧变化的原因，是了解平成时期企业管理与劳动者地位的关键，也无疑是掌握与预测“日本企业前途”的基本前提。

✜ “新时代‘日本式经营’”所带来的影响

从第 1 时期转为第 2 时期的直接诱因是 1997 年 4 月的消费税提高，同年 11 月连续推出财政结构改革法（推进财政结构改革相关特别措施法，后进行部分修订，进而遭到冻结），继续抑制了形势严峻的内需。这些鲁莽乱来的经济政策只是一种对亚洲金融危机的滞后性灵活应对，随后还是导致了诸如北海道拓殖银行破产、山一证券休业等的金融危机。

那么，面对二战后以来最大规模的经济危机时，政府首脑与企业经营者们到底是在怎样的背景下采取了袖手旁观的态度呢？

这标志着依靠“人类的有形之手”在日本经济上大刀阔斧并取得骄人战绩的战后历史落下帷幕，同时又试图依靠“上帝的无形之手”通过市场调整机制解决这一问题，体现了新的时代精神。

这些经济思想的变化，诞生于泡沫经济破灭后发表的各类意见，且展现出了发展脉络。在企业管理文件中，有这样一份报告：《新时代“日本式经营”——应挑战的方向及其具体措施》。这份报告于1995年5月由日本经营者团体联盟（旧日经联，2002年与日本经济团体联合会合并）发布，其核心部分强调：“虽然在人事上提出了重视能力、成果的要求，但假设能力在企业未能彻底发挥出来，那么为了每一个职场人的能力可以得到整个社会的利用，就必须考虑培育出一个跨企业的横向劳动力市场，使人力资源流动起来。”

此外，报告提出了“企业内部型雇佣组合”的具体运用方法。该报告指出：“今后的雇佣形式将有三种：一是灵活利用长期积蓄能力型，从长期持续雇佣的立场进行思考，企业希望人才前来工作，雇员也发自内心地想工作；二是灵活利用高度专业化能力型，并不一定以长期雇用为前提；三是工作意识多元化的弹性雇用型。换言之，当企业与就业人员的需求匹配时，就建立雇佣关系。”（着重号为作者所加）报告预测日本的雇佣模式将具有三层结构，建议将其结合起来进行成本管理。

其中所使用的“组合”（portfolio）一词最初指为了减少风险而对各种金融资产进行多元化分散投资的组合。从战后劳资关系的传统观点来看，将这一金融概念引入人事、劳务实践中，是非常令人惊讶的。

不过，“企业内部型雇佣组合”理论中的“灵活利用长期积蓄能力型”与“弹性雇用型”分别对应“正式雇员”和“兼职工”，这样的相关讨论在报告发布之时并不罕见。该报告在立论上的关键点是增加了“灵活利用高度专业化能力型”。

换言之，即便事实上职业技能的形成及评估以同一家企业的长期雇佣为前提，但不经过企业内部培养也能够形成具有高度专业化能力的人才群体。

此类人才即使不经过特定公司的评估，也可在社会上得到广泛接受。通过建立跨企业横向“劳动力市场”，无论对企业还是对劳动者而言，预计可以达成令人满意的劳动力分配。一方面企业可以在需要时从劳动力市场上获得高度专业化的人力资源，另一方面劳动者不必隶属于任一企业，可以过上独立的职业生活。

✣ “雇佣流动化论”与“结构改革”

旧日经联的《新时代“日本式经营”》所描绘出的日本式雇佣惯例改造论，可称为“雇佣流动化论”。日本式雇佣惯例是建立在将人力资源限制在企业内部认识上的，利用劳动力市场来使“人才流动化”，从主体上引导劳动者的工作满足感，同时加强企业管理。

是否能够实现这一目标姑且不论，雇佣流动化论体现了通过跳槽实现工作价值的诉求，不仅获得了企业管理层的支持，还获得了劳动者一定程度的支持。

该报告的出色之处在于添加了这些观点：“组织环境的同质性难道不是造成员工缺乏自主性、自立性、独创性以及责任感弱化的土壤吗？”“难以摆脱以企业为主导的生活方式不是正在打破社会与家庭的平衡吗？”日本式雇佣惯例一直在重塑“企业人”（会社人間），为了实现真正丰硕的职业生活，必须重新制定雇佣惯例——当这一信息公布出来时，抓住了许多人的心。

此外，雇佣流动化论不单局限于企业管理与劳资关系的改革，涉及范围广泛。它根植于当时“结构改革”讨论中的社会管理思想。

1995年12月，政府通过了《结构改革的经济社会计划》内阁决议，明文规定“发挥市场机制”“促进放松管制”“确立自我负责原则”等经济运营方针。雇佣流动化论正是构成了这一结构改革的雇佣部分，批判雇佣流动化论同时就必须批判结构改革。

然而，日本国家中心（即工会的全国中央组织）——日本劳动组合总联合会（简称联合）对雇佣流动化论的批判就显得过于视野狭隘，日经联的主张仅限于控制总劳动力成本的观点。进而言之，通过《结构改革的经济社会计划》内阁决议的内阁由日本社会党主席村山富市领导。

请想象一下，站在劳动者的那一方，当时发生了什么？他们各自应该起到什么样的作用？难道完全丧失了历史认识吗？

✜ 冷战结构结束所带来的冲击

美苏冷战是一场选择哪种社会制度的斗争，但美国取得胜利后，冷战的结束使人们认为是“自由市场经济体制的胜利”，从而对市场机制的信心大为提高。

冷战时代，劳动问题特别是失业问题，被认为是自由市场经济的缺陷，处理这些问题时缺乏谨慎会导致系统性危机。换言之，对市场机制抱有信心的新古典主义经济学无法对劳动问题的具体应对提出积极的建议。而且，从这一角度来进行提案的危险性，在日本政界与政策制定层面上已得到了充分的理解。

但是，冷战的结束彻底改变了经济思想与政策理论的框架示意图。新古典主义者开始了崭新的政策建言活动，通过对劳动问题进行统计与定量分析，开始积极建言活化市场机制的结构改革。

其世界性建言活动以总部设在巴黎的经济合作与发展组织（OECD）为基础，开展劳动力市场研究，1994 年概括总结出“雇佣战略”。新古典主义经济学所发展起来的“劳动市场论”，构建起了结构改革的理论与政策，对日本经济学家与政府决策者产生了巨大影响（有关劳动市场研究的经过及内容，请参见笔者的《日本式雇佣的真相》第二章，筑摩新书，2013 年）。

此外，冷战结束后的时代也是全球化时代。经济互助委员会（COMECON）作为苏联与一些社会主义国家的经济合作组织于 1991 年解散，原本属于社会主义阵营的国家相继加入了经合组织。许多经济学家预言，世界将被自由市场经济原理所束缚，市场机制将在全球范围内发挥作用。特别是，经合组织的新古典主义经济学家毫无疑问对这一方向颇为坚定。

世界思潮的变化也影响了同时代的日本经济政策与管理思想，时间的车轮滚滚进入了全球化时代。

另外，日本的政策制定者已在积极使用新古典主义经济学的政策理论，笔者想就其相关背景在可推测的范围内进行补充。首先，财政当局的目标是以日益增加国债发行余量为前提尽可能地抑制财政支出。为此，促进放松管制，灵活利用市场机制来代替政府所承担的职能，从而达到整顿财政的目的。此外，以 2001 年中央省厅重组为前提，经济类官厅为扩大自身利益，改革劳动行政的组织与政策，同时使战后劳资关系及根据其所形成的雇佣惯例也成为改革的对象。可见其进行了极为充分的思考。

✣ 飘摇的人事部门

曾几何时，大型企业的人事部门功能强大。与企业工会进行谈判时作为企业方的代表需要展现出有责任的言行与态度，由于谈判对手会有行业组织与国家中心的理论家，因此与其他企业的人事负责人进行信息交换是必不可少的。在这样的环境下，日本公司雇用自己的员工，培养并评估他们履行职责的能力，同时培养能够与企业价值观产生共鸣的员工。生活在日本社会的人们认为这类雇员具有规范性，称其为“正式”雇员。

日本企业为了继承企业自身的创立理念与体系的价值观，非常重视企业内部的劳资关系，在工会的理解与合作下诞生出了雇佣惯例，“终身雇佣”与“资历工资”受到社会广泛认可。

人事部门的团队是企业管理的核心，体现了企业的价值观，创造出了企业文化，并开展具体管理。但是，雇佣流动化论建议使用横向劳动力市场进行劳动力分配，且对日本式惯例缺乏理解。而且该理论是根据金融术语与新古典主义经济学的理论塑造出来的。

在战后劳资关系与人事部门的道德观念中接受过培训的专业团体，不清楚会不会突然转向雇佣流动化论，但毋庸置疑的是对急剧变化的社会基调感到困惑甚至失去信心。于是，劳资关系所孕育出来的人事承诺被扔在一边，给人事负责人造成了极大的困惑。

1997 年日本生产率总部（Japan Productivity Center，简称 JPC）进行了一项调查（日本式人事制度演变的相关调查），其中有关人事部门对人才培养所采取的姿态，有一个提问——能力开发是以本人为主体还是以企业为主体？结果，49%的受访者认为以本人为主体，23.7%的受访者认为以企业为主体，26.3%的受访者认为两者都不好说。

日本企业的人事部门对每一位雇佣员工的资质开展长期评估，同时根据分配计划推动其职业技能的发展。在这样的惯例实践中，回答以本人为主体的人事部门是以企业为主体的人事部门的一倍以上，可见当时雇佣流动化论的市场主义思考已渗透颇深。不过，两者都不好说的比例也很高，虽不及回答以本人为主体的半数，但或许能窥探到人事负责人的正确判断力。

正是这样的情况导致了人事部门的混乱。之后，人事负责人经历重重失败，最终回归到了传统的思维方式。

十年后的 2007 年，日本生产率总部进行了相同类型的调查，汇总结果显示能力开发由企业主体完成，已上升至 76.7%。由于在 2007 年的调查中不存在两者都不好说的选项，所以与其说数据出现了巨大变化，不如说人事部门固守根深蒂固的观念令人感到懊悔。

人事部门现在正忙于努力从结构改革所推动的各种错误中恢复人事处理系统。但由于迄今为止的失败与混乱，人事部门地位的沉降会持续下去，主管会计与财务的董事确立起了压倒性优势。人事部门挽回曾经的过失将会面对极大困难。

✤ 结构改革的推进

由新古典主义经济学所主导的结构改革，已稳步进入到组织之中。绩效主义工资的引入便是其中之一。

新古典主义经济学表示，工资取决于边际产品。然而，在企业系统工作的每一位劳动者，对其自身所创造出来的成果进行识别并不容易。而且，其个人所投入的最终劳动力单位价值与工资进行比较，存在多少实用价值也值得怀疑。

然而，泡沫经济破灭后，日本企业为了控制因定期加薪而造成的人力成本上升，寄希望于由市场决定工资的理论。此外，当劳动者被告知工资将取决于他们的绩效时，不少人认为自己的工资会上涨。许多劳动者认为，日本的资历工资根据年龄与服务年限机械确定，他们的绩效并未得到适当反映。

资历工资的制度性表现为职能等级资格制度，而这里所说的职能工资指针对长期雇用中持续工作、培训的劳动者推行一体化与其相关的继续培训与评估的机制，具有可计划性和长期性。人事部门与工会之间对这样的机制所开展的谈判历史悠久。如果认为资历工资仅由年龄与服务年限来确定，那么不得不说落实职能工资还存在相当大的问题。即使如此，对于“工资还是由市场决定”“绩效为王”等观点的提出，当事人应更加有所准备和谨慎。

绩效主义工资制度在20世纪90年代后半期到21世纪头五年被积极采用，与此同时，同一年龄层劳动者之间的工资差距明显扩大。

为了落实绩效主义工资制度，就有必要建立起绩效评估制度，从而把握、评价每一位劳动者的绩效，但2012年的调查（厚生劳动省“就业条件综合调查”）显示，只有20%的企业表示绩效评估制度作为一个系统运行良好。另一方面，调查发现的问题数不胜数。作为执行评估的企业方，不少人回答“很难协调部门之间的评估标准”“评估人员的培训与教育缺失”“差距难以拉开，中位评估变多”等。此外，值得注意的是，大企业中回答“评估需要花费很多时间与精力”。

以上显示了评估各业务部门人员的难度，很多人都切身感受到了人事部门曾经所起到的作用。

进而看一下劳动者一方的问题，出现了“评估导致工作欲望降低”“本人对评估结果无法接受”等混乱状况，已到了质疑结构改革本身的程度，完全失去了方向。若真是如此，不少人反而觉得拿等额工资好吧。

然而，尽管现在仍可以说出如此严厉的批评之词，但陷入其中苦苦挣扎的当事方从一开始就无法阻止这场结构改革。

在 20 世纪末至 21 世纪初的日本社会，“结构改革”是全体人民的共识，交由市场决定成了所有政策的判断依据。

2002 年完全失业率[1]为战后最差数据 5.5%，但是当我们回顾当时国会审议时，每个人就都应该接受市场所造成的任何情况，经济财政政策担当大臣竹中平藏说：“只要经济增长率下滑，就必须接受完全失业率上升。”（2003 年 2 月众议院预算委员会）这便是小泉纯一郎内阁（2001 年 4 月至 2006 年 9 月）所倡导的“无死角结构改革”（聖域なき構造改革）在日本社会中的历史意义。

✜ “格差”社会的论战

结构改革同时涉及了企业管理与国民经济运营，两者

1　完全失业率为日语词汇，多用于日本官方（比如总务省、厚生劳动省）的劳动状况调查，在经济景气较差时作为出台经济政策的重要指标，指劳动人口中的完全失业者比例，其变化与经济景气的好坏联动但表现有些滞后。另外，完全失业者指适龄劳动人口中具备劳动能力且开展求职活动但暂未获得工作机会的人群，一旦这类人放弃求职活动，就不会作为完全失业者统计，而是被归为非劳动人口。——译者注

要步调一致地推进。

在国家运营层面，政府高度重视遏制财政支出，导致经济衰退延长，造成前所未有的失业状况，其中产生的问题便是年轻人就业问题。企业试图减少招聘，甚至在雇用劳动者时也只录取非正式雇佣的人，这样的趋势愈加明显。由此，年轻人失业问题、不稳定就业问题就蔓延开来了。

关于年轻人的不稳定就业趋势与“格差”的拉大，社会学领域出现了出色的研究结果。其中之一是山田昌弘的《希望格差社会——“失败者”的绝望撕裂日本》（筑摩书房，2004 年）。该书提出了一个预测——作为正式职员就业的年轻人与陷入不稳定就业的年轻人之间会产生“格差”，毫无希望的年轻人将成为社会不稳定因素。

此外，启蒙色彩较为浓厚的是佐藤俊树的《不平等的日本——告别“全民中产”社会》[1]（中公新书，2000 年）。该书认为，社会流动的封闭性得到了强化，高学历人群继承父母一代积蓄的概率变大。该书进而从不同角度描绘出了知识社会中教育经验与经济上的差距直接相关，同时指

1 该书中文版为王奕红译《不平等的日本——告别“全民中产”社会》（南京大学出版社，2008 年）。——译者注

出了，面向市场竞争的经济学研究与教育正在将财富集中于受过高等教育的群体转为正当化理论。

不幸的是，这些研究成果本身不拥有引起舆论的力量，而且也出现了不少否定它们的观点。然而，无法成为社会争议的核心问题、只能转向旁路的最大原因在于，“格差”社会论作为经济学的理论辩论实在不够引人注目。“格差”社会论的理论辩论主要围绕橘木、大竹的论战而展开。

“格差”社会论始于橘木俊诏在其著作《日本的经济格差——从收入与资产思考》（岩波新书，1988 年）中提出的观点，即从国际层面来看日本的“格差”很大，且从历史角度来看正在扩大。有些人不去推敲该书的实证依据，只是随意把橘木的理论当作挡箭牌来批判结构改革，这也是造成社会问题的背景之一。

为这些辩论收尾的是大竹文雄所撰写的《日本的不平等：格差社会的错觉与未来》（日本经济新闻社，2005 年）一书。该书网罗了至今为止橘木、大竹论战中大有争议的各种问题，并强烈指出，关于在国际层面看起来较大的收入差距，其测算在日本不包含领取公共年金的部分，是再分配之前的情况，将其与收入再分配后的其他国家的数据进行比较是错误的。如果统一收入的概念后进行国际比较，无法得出日本的收入差距在国际层面看起来较大的结论。

另外，依据时间顺序所见的收入差距数值指标（所谓的“基尼系数”），随着人口结构的老龄化正在上升。由于收入低、“格差”小的年轻人口规模在减少，所以即使总体“格差”看上去有所扩大，也只是一种“幻象”，有人如是解释。这便与该书副标题“格差社会的错觉”联系了起来。

该书出版后受到社会极高的评价，赢得了主流经济学家广泛赞誉，屡获奖项。于是，政府决定将该书的成果作为经济判断，确立为政府的官方观点。

在 2006 年 1 月召开的第 164 届普通国会会议上，可以看到从“格差”扩大观点批判结构改革的审议场面。小泉首相以上文的政府官方观点为武器，从而堂堂正正地制止争论。相关答复的概况如下：

关于小泉结构改革是否正在扩大格差的回答，在这方面，有学者指出，从近年来基尼系数的扩大来看，收入差距正在扩大。但从统计数据来看，考虑到收入再分配的影响与家庭结构的变化（例如老年家庭数量的增加、家庭成员人数的减少），并不能证实收入差距正在扩大,这是专家得出的结论。(在2006年1月众议院全体会议上答复前原诚司议员）

我认为出现格差并非坏事，到目前为止，批判为极端平等主义的情况很多。有能力的人付出努力就会得到回报的社会总体而言是大多数人想要的。（在同年2月参议院预算委员会会议上答复市川一郎议员）

任何国家、任何时代都存在格差。在这样的情况下，我必须避免嫉妒那些已经获得成就、取得成功的人，或者拖那些有能力人的后腿。嫉妒成功的人并不能使自己获得成功。扯有能力人的后腿并不能提高自身的能力。（在同年参议院决算委员会会议上答复佐藤裕平议员）

✤ 雷曼冲击与政权交替

新古典主义经济学派理论与政策存在三个问题。第一，“格差”扩大伴随着劳动者收入分配状况的恶化。不可否认的是，结构改革导致年轻人群不稳定就业、中老年劳动者工资差距加大。主流经济学派使用“基尼系数”作为衡量“格差”的指标，且仅限在此范围内进行争论。对经济学家而言，基尼系数上升在很大程度上可以通过社会老龄化来解释，这可能是一个新发现，但事实上政府官方观点与首相的答复已扩大了其社会效应，从而造成了对经济学本身的质疑。

第二是金融经济的肥大趋势。工会的交涉能力由于结构改革而下降，企业生产活动的自由度急剧提高，但产生的企业利润再投资于实体经济的情况变少，作为金融资产持有的倾向得到了强化。随着劳动力方面收入分配的恶化、国内经济的凋敝，日本企业的有效投资机会在国内变得稀缺，投资具有良好收益率的金融资产成为必然趋势。此外，向金融面倾斜的趋势在发达国家成为普遍趋势，于是这就成了次贷问题与雷曼冲击的铺垫。

第三是永无止境的欲望与对经济增长的追求。人类已受到全球环境的制约、能源的制约，通过发挥市场机制来振兴经济的想法本身只不过是18世纪工业革命时期的幻想罢了。

2006年左右，次级抵押贷款已成为国际关注的问题，它是一种针对美国信用度低的个人住房抵押贷款，且被证券化为贷款债权，并被纳入各种金融产品中，以高收益预期作为金融产品在国际上广泛销售。

2008年9月，美国大型证券公司雷曼兄弟的破产使这场危机浮出表面。金融危机席卷全球，并导致全球经济同时衰退，日本依靠出口来实现经济扩张，因此也经历了一次巨大的经济衰落。

以上这些都是结构改革逻辑所造成的后果，但日本知识分子们却无法正确把握问题的结构，或也无法使公众去理解它。假设每天都产生一个替代性的政策概念并进行社会辩论，那么雷曼冲击本来会是改变政策的机会。然而，在这样缺乏担当人群的社会中，人民的反叛精神不得不以“过年派遣村”的形式展现出来。

一直在推动结构改革的组织注意力远离了日益扩大的“格差”且拒绝承认贫困问题的存在，有心人对这样的态度感到愤怒。为了呼吁社会正义，有必要设计出将这样的“格差”

与贫困可视化的策略，将媒体拉为盟友提供其报道。

2008 年底，东京日比谷公园开设了一个过年派遣村，是提供给遭遇裁员、减薪的非正式雇佣劳动者的过夜营地。社会关注度居高不下，一直持续到 2009 年 5 月众议院第 45 届大选，媒体才停止了过热的报道。

但对于日本经营者与工会来说，这些过热报道背后的事实，可能就是创造未来历史的重要因素。

2009 年 1 月 15 日，日本经济团体联合会与日本劳动组合总联合会共同表示："我国在通过劳资双方共同努力克服重大经济危机方面拥有经验。长期雇佣体系将有助于培育人才及稳定劳资关系，需再一次认识到它能支持企业的发展与经济的成长，劳资双方将会为稳定就业与经济复苏作出最大的努力。"

劳资双方的领导层因雷曼冲击而注意到了结构改革的错误，从而脱离雇佣流动化论，以日本式雇佣体系的雇佣稳定功能为基础，试图重建经济性社会。

这项声明绝非一时之口快，而是为避免解雇劳动者、为稳定就业与保护劳动者的生活持续作出了努力。从各种劳动统计数字来看，在经济衰退过程中的小泉内阁时期与在雷曼兄弟冲击下的麻生内阁时期，企业对维持就业的态度存在明显不同。

经济衰退相关的社会动荡在短时间内消退，到2009年春季日本经济触底反弹。作为经济晴雨表的工业生产指数的最低值出现在了2月份，额定外劳动时间指数也在3月份开始从底部回升。

但是，舆论很少提及这些成果，仅仅报道了诸如完全失业率等经济落后指数，强调经济衰退的严重性。当然，均衡的经济类新闻报道对于回避无效解雇、确保社会稳定至关重要。

2009年9月的政权交替就是在这种人为创造出来的社会氛围中实现的，因此很难说是由于政策转换造成了讨论的深入。

✣ 社会保守化与官制春斗

2011年3月在民主党执政期间发生了东日本大地震。这场袭击日本列岛的地震灾难，不同于普通自然灾害的一大原因便是核灾难的触发。

如果说雷曼冲击是一场金融危机，那么核灾难使日本人从能源方面知道了经济增长的极限。如果民主党政权将其作为全人类的危机，从日本的立场出发寻找出路，一开始就采取这样的政权运营方式，那么历史可能就走上了不同的道路。

对于一个陷入危机的社会而言，要找到一个解决之道绝非易事。但在政治世界中，似乎可以使用某种魔术。比如，假设日本社会并未陷入危机，假设可以让选民认为不存在这样大规模、全人类的危机，那么面对危机等的艰难故事将立即消失。

通过 2012 年底第 46 届众议院大选的胜利而建立的政府，自称其经济政策为安倍经济学，推出了“三支箭”政策。第一支箭是放宽不同规模的金融，其目的在于提供大量货币基础，从而将容易下跌的物价扭转为上升趋势。第二支箭是财政扩张，政府直接创造摆脱通缩的需求。第三支箭是放松管制，旨在刺激民营投资，实现经济增长。

以上内容确实出现在同年 12 月 26 日首相就职演说中，真可谓无所畏惧。

执政初期最大的挑战是民主党执政时期敲定的2014财年起将消费税税率提高到8%。为了避免景气中途夭折同时转嫁消费税价格，摆脱通货紧缩成了不可避免的经济政策。此外也为了牢牢抓住民众的支持并保持政权运营的平稳，有必要使民众认为自身有能力承担消费税，政府向经济界要求上调工资，从而拉开了每年一次的“官制春斗”[1]。

这些应对已开始产生切实的成果。随着雇佣情况的改善，一直持续为负数的名义工资（现金薪金总额）在2014年转为正数。在定期工资方面，实际上2015年是10年以来的首次正数。这些成就已成为政府以及工会都认为值得夸耀的内容。

人们内心对政治的所求，已明显不同于2009年要求政党轮替之时了。

1　官制春斗为日语汉字词，指工会每年开展的日本最大劳动运动“春斗”，出现了政府的介入，要求企业加薪。2013年9月20日首相官邸主办了由政府、企业界、工会三方参加的政劳资会议，首相代表政府向企业方几次提出加薪要求，于是在2014年的春斗中包括中小企业在内的企业时隔15年加薪超过2%，大幅度涨薪的企业也相继出现。原本劳资之间的春斗在政府介入后，被世间改称为“官制春斗”。此外，政劳资会议多次举行，“官制春斗”之年越来越多了。——译者注

✣ 运营经济所包含的魔力

安倍内阁成立之初，同时开始了第16循环经济扩张过程，也如图4–2“经济扩张过程名义工资与消费者物价”所示，工资开始呈明显上升趋势。这显然不同于20世纪90年代末至21世纪头十年的扩张过程，看得出来情况似乎有所好转。

然而，这里一旦加上消费者物价的趋势，可以看出情况将大为恶化。

图4–2纵轴表示名义工资，横轴表示消费者物价，从经济扩张起点开始，名义工资与消费者物价随着经济回升而变动。另外，该图显示了一条从原点延伸到右上角的工资物价均等线，在均等线下方区域，实际工资减少。尽管日本银行把消费者物价上涨目标定为2%且尚未实现，但当前物价上涨速度明显高于名义工资上涨速度。

正如图4–1“利润率上升过程中实际工资的演变”所示，在第2时期，尽管企业利润增加了，但实际工资却下降了。这意味着增加了劳资关系中控制工资的杠杆，政府所采取的经济政策通过物价上涨来确保企业利润，从而造成了实际工资与劳动分配率的下降。

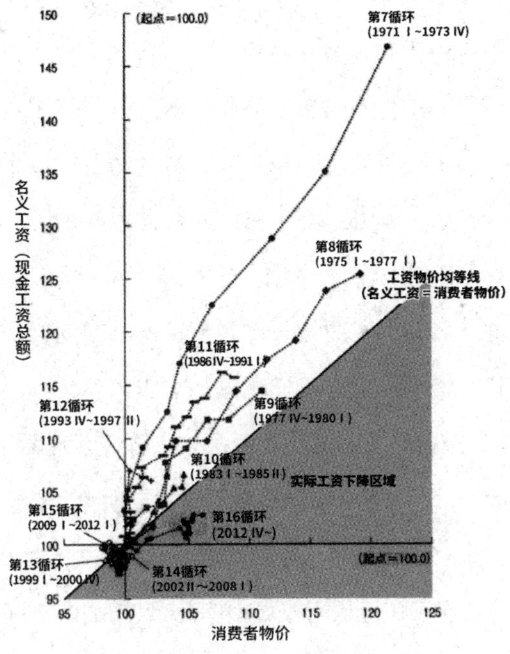

图 4-2 经济扩张过程名义工资与消费者物价 [1]

根据厚生劳动省“每月劳动统计调查”制作而成

1

1）数值为每三个月的季度调整值，关于各个循环的经济扩张过程，用 100 表示指数（最低点）。

2）名义工资是调查产业统计的、30 人以上规模事务所的现金工资总额。

3）消费者物价是除去自有住房的估算服务的综合（消费者物价是使用实际工资除以名义工资所得的指数）。

4）各个数值显示了经济扩张过程中的数据，各循环期的括号内显示低谷年的季度到高峰年的季度（第 16 循环使用了截至 2017 年的数值）。

在三支箭一揽子政策中，首先通过货币量化宽松政策引发货币价值下跌，日元贬值、进口价格上涨。为了防止消费税的税率上升、改善价格传导环境，政府采取了财政扩张措施，于是长期以来呈下降趋势的物价以成本推高的形式转向正值。此外，由于政府对官制春斗的推波助澜，名义工资也开始上涨。

不过，名义工资的增长率并不及这一期间物价的增长率。实际工资下降提升了产品出口的成本竞争力，再加上日元贬值的加持，出口导向型经济扩张将持续发展。当然，就其质量而言，这样的经济扩张不能被定性为“经济增长”。但是，政府熟练引导了大众舆论，通过有效制定“成长战略”，它稳步创造出了民众乐于接受GDP大量增长的土壤。

于是，劳动者对工资单上的金额增加感到满意，另一方面企业能够通过降低实际工资来确保获利的环境，而大型出口型企业也从日元疲软中受益，从而更新最高利润，然后政府不断扩展这一充满魔幻的经济运营。

每一位劳动者都很难理解实际购买力的真实情况，推进官制春斗的国家中心也不从正面面对这一事实，以至于劳动者进一步走向贫穷，而政府却获得了民众的支持。

此外，提高最低工资是极具战略性的，成功笼络了欢迎政府此项意图的社会阶层的欢心。从工资的分布来看，大幅度提高最低工资有助于缩小贫富差距，但当物价上涨速度高于平均工资增长速度时，中高收入水平者的实际工资相应变少，而另一方面，工资金额越低，其名义工资增长率越高。虽然工资分配发生变化，但劳动者整体的实际收入呈下降趋势，只要这一问题不在整个社会范围提起，就无法使每一位劳动者理解到。尤其是意识不到与国家中心相关联的劳动者，肯定会愉快地接受自己工资在上涨的事实。

✤ 日本企业的前途

从劳动者与企业之间的关系来看，不可避免的是，随着劳工运动的衰退，所得收入分配恶化将看不到尽头，社会财富越来越向企业集中。劳动者实际购买力停滞甚至下降，导致国内市场枯竭、收缩的趋势不可逆转。

在这种情况下，企业不可避免地向海外寻求市场，利用国内低工资维持其国际竞争力。此外，当前情况下，不可能在实体经济中找到产生巨额利润的有效投资机会，企业将毫无疑问通过运营金融资产来强化企业资金。

那么，这样的平成史对在日本工作的人们有什么意义呢？

战后日本劳工运动以企业工会为基础，通过不同行业组织与国家中心对各种各样的劳资关系进行整合与社会化。对此，“结构改革”尝试了根本性改革，使用“劳动市场理论”将人参与“工作”投放进市场竞争原则中。

这项改革导致贫富差距拉大、平均工资降低、人们的工作满意度下降，进而与雷曼冲击所造成的经济不稳定联系在了一起。然而，社会动荡、人们日益增长的不安并未使战后日本社会创造出来的“日本式雇佣”价值方向得到重新发现，而朝着强大的国家权力直接救济人们的方向发展，向大众社会更近了一步。而且，在这种情况下，尽管现实中人们日渐深陷贫困，但没有迹象表明他们会向国家寻求救济。

在这样的社会，越来越无法期待一家家企业给人们带来戏剧性发展的幸福了。安倍经济学所强调的“工作方式改革”也是在国家的主导下推动的。

我们如何思考以上动向？有必要用历史眼光看待现代社会的方式重新思考日本政治与企业的前途。

扩展阅读书目

依光正哲、石水喜夫：《现代雇佣政策理论》，新评论，1999年。

泡沫经济破灭后掀起日本式雇佣体制的改革论（即“结构改革”与“雇佣流动化论”），据显示都是基于新古典主义经济学理论，本书表示应该构建取而代之的经济思想。

高梨昌：《变化的春斗——历史概括与展望》，日本劳动研究机构，2002年。

针对21世纪初严峻的雇佣形势、春斗无用论等，本书根据以企业为单位工会的现实，总结出春斗在社会劳动条件形成方面的历史作用，并提议将来进行有意义的传承。

石水喜夫：《现代日本的劳动经济——分析、理论、政策》，岩波书店，2012年。

本书分析了雇佣、薪金等劳动经济的基本数据（最新数据从2017年4月20日起每月在产劳综合研究所《薪金事由》上以《图解劳动经济》为题进行连载）。

久本宪夫：《正式雇员的历史》，摘自《新正式雇员论——提议双职工正式雇员模式》，中央经济社，2018年。

日本式雇佣常用核心概念中有“大学应届毕业生统一录取”“终身雇佣”“资历工资”，本书从社会思想史视角对这些被认作企业工作规则的历史过程进行探讨。

轻部谦介：《官僚们的安倍经济学——异形经济政策如何制定？》，岩波新书，2018年。

本书论述2012年末成立的新政权如何对宽松金融、扩张财政、制度松绑进行包装使之出台的详细经过。

第五讲　年轻人的困境、教育的陷阱

◎

本田由纪

✣ 被折腾的年轻人与教育

本讲旨在讨论平成 30 年间年轻人与教育方面发生了什么。详述个别事件现象前，首先概述一下宏观的发展脉络。

在平成时期，或更准确地说在 20 世纪 90 年代初泡沫经济崩溃后，日本社会一直以来至少在表面上高效运作的独特社会模式以劳动市场的转变为开端而迎来瓦解。这一社会模式，笔者将其概括为“战后日本式流通模式”（本田由纪《重新联结社会》，岩波 BOOKLET，2014 年）。该模式形成于以 20 世纪 60 年代为中心的经济高度成长时期，在石油危机后的 70 年代到 80 年代稳定增长时期实现普及与深化。在这一模型中，主要由男性被企业长期雇用享受年功序列的薪金维持家庭生计，家庭在下一代的教育上倾注大量金钱与心血，完成学业后孩子则立即通过应届毕业生总括录取方式不间断加入企业，从而形成周期性循环结构。以该结构为基础，若政府通过产业政策保证企业的就业，则有可能将教育与家庭方面的政府支出保持在极低水平。这样的独特结构，尤其是企业雇用的惯例方式，与欧美发达国家比起来性质相异，作为一种高效的社会体制，在稳定增长时期受到了世界级的关注与赞誉。

然而，泡沫经济崩溃后，由于经济衰退、泡沫时期应届毕业生过度就业、团块世代[1]进入中老年阶段后劳动力成本负担高及后发诸国经济腾飞等多种因素，从20世纪90年代至21世纪初，日本企业录取应届毕业生为正式职员的能力大为下降。其结果导致年轻人成为“就业冰河时期”与“迷失的一代”的直接受害者，这些20多岁的年轻人属于团块世代二代。团块世代的孩子也包括在内的团块世代

1　团块世代为日语词汇，指第二次世界大战后1947–1949年出生的、文化与思想相通的一代人，他们的出生引发了战败后日本的第一次婴儿潮，他们进入大学时是学生运动最为激烈的时期。这一用语来自经济企划厅官僚堺屋太一的小说《团块的世代》。——译者注

二代人口规模庞大，“从学校到工作岗位的过渡”面临着巨大的困难。即使到了平成时代末期，即使已经过了40多岁，这些经历上的伤痕仍明显残留在他们身上。

进入21世纪后，2002年左右开启了所谓的“伊邪那美景气”，应届毕业生就业市场呈现复苏，但2008年美国爆发全球性金融危机（雷曼冲击），终结了就业市场的活跃势头。2011年发生了东日本大地震，对就业形势造成了负面影响。然而，自2012年左右团块世代进入65岁大关后开始离开劳动力市场，反而造成了人力资源不足问题，年轻的应届毕业生逐渐成为“卖方市场”。不过，就业后工作条件毫无明显恢复，工作时间长、工资低、职权骚扰等现象广泛成为家常便饭，造就了“黑心企业”。

由此可见，自20世纪90年代以来，日本的年轻人不断被劳动力市场的供需波动、就业环境及工作条件的变化所折腾。总体而言，生活贫困程度增加了，收入与生活状况之间的差距也随之扩大了。然而，同时期在日本社会占据主导地位的话语权则将经济低迷、社会停滞不前的原因归到年轻人的“劣化”上。

这类观点所带来的不良后果之一，便是政府对年轻人就业状况的对策与社会流通结构的重组极为不充分，导致赞扬个体生存的社会气氛浓厚了起来。

另一个不良后果是为了矫正走向“劣化”的年轻人而加强学校与家庭教育的干预。平成时期的教育政策，从20世纪90年代强调“宽松教育”与“生存能力”转换为21世纪初的“去宽松教育”，进而在右翼支持的安倍政权执政时通过教育基本法的修订以及内容上要求为国奉献的学习指导要领进行“教化”，即将教育目的、内容、方法悉数调动起来的“超教化”。然而，这种体现当局者自私愿望的教育干预，反而未能带来生活的稳定与经济社会的活力，而是让“胜者为王”的残酷性以及无法与理想同步的现实主义观念渗透到年轻人中。

表5–1总结了此期间的主要动向。

接下来将是比以上概论更为详细的探讨，适度参考统计数据等来议论平成时期年轻人与教育方面的状况。

表5–1 平成时期年轻人、教育相关年表

	政治、世态	年轻人相关	教育相关
1989	宇野宗佑内阁成立		
1990	泡沫景气		大学成立标准被大纲化
1991	宫泽喜一内阁成立 苏联解体、泡沫经济破灭		修订学习指导要领（“新学力观”）

1992			
1993	细川护熙内阁成立		
1994	羽田孜内阁 → 村山富市内阁	“就业冰河期”进入流行语大赏	
1995	阪神大地震、东京地铁沙林毒气事件	迷失的一代	
1996	桥本龙太郎内阁成立		中央教育审议会答辩“生存能力”
1997		神户连续儿童杀伤事件、废除就业协定	
1998	小渊惠三内阁成立		
1999		修订劳动者派遣法	“学力低下”成为问题
2000	森喜朗内阁成立		
2001	小泉纯一郎内阁成立		
2002			修订学习指导要领（“宽松教育”）
2003		“自由职业者”人数达到最高峰、出台《青年自立挑战计划》	“国际学生评估项目（PISA）冲击”
2004		“啃老族”成为问题	“职业教育元年”、国立大学法人化
2005	伊邪那美景气		
2006	安倍晋三内阁成立	开设地方年轻人支援站	修订教育基本法、成立教育再生会议
2007	福田康夫内阁成立		开始全国学力、学习状况调查
2008	麻生太郎内阁成立 雷曼冲击	“中断派遣”、过年派遣村、“取消内定”	
2009	鸠山由纪夫内阁成立	制定儿童、年轻人支援推进法	
2010	菅直人内阁成立		
2011	野田佳彦内阁成立、东日本大地震		修订学习指导要领（“去宽松教育”）
2012	安倍晋三内阁成立		
2013		“黑心企业”进入流行语大赏	成立“教育再生实行会议”
2014	团块世代退休		
2015		启动生活困难自立支援制度	
2016	国势调查结果显示日本总人口减少		
2017			“教育敕语”问题引发讨论、《学习指导要领》完成修订并告示全国、“育人革命”
2018			

根据本田由纪、筒井美纪编著《读解日本的教育与社会 19：工作与年轻人》（日本图书中心，2009 年）的表序 -1（5–6 页）大幅度修改而成。

✣ 年轻劳动力市场的发展演变

战后日本式流通模式的重要组成部分之一，便是应届毕业生总括录取方式“从学校到工作岗位过渡”的实践，这在世界上亦是独一无二的。这一实践包含一系列过程——高中或大学毕业前开展就职活动并获得工作内定，毕业后毫无间断地被企业雇用为职员。在石油危机后其他国家的青年失业率迅速增加，而这一实践使日本将其失业率保持在极低的水平，其有效性受到高度瞩目。

然而，到了20世纪90年代，这一“不间断的过渡”产生了异变。1992年泡沫经济达到顶峰，也是18岁人口的顶峰，应届高中毕业生人数超过了165万，求人倍率达到3.3倍。但到了1995年这一数字骤降至60万，2000年下降至23万。随着失去就业单位的高中毕业生中非正式劳动者与无职业者人数的增加，升入大学或职业学校的学生人数迅速增长。四年制大学升学比例从1990年的25%上升至2009年的50%以上，翻了一番。特别是女性四年制大学入学率从1990年的13%上升到2018年的48%，上升得非常显著，逼近男性的入学率。

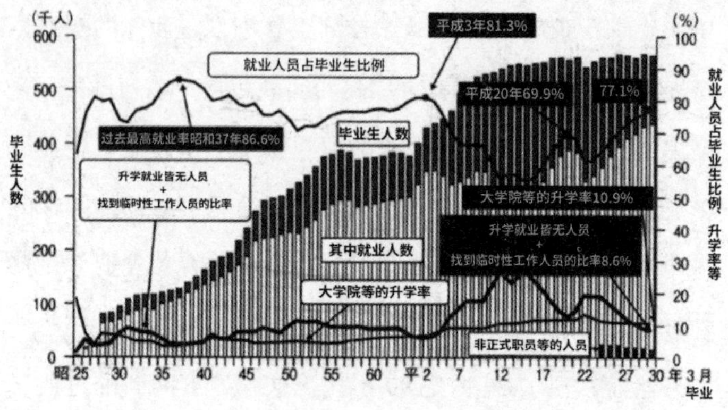

图 5-1 毕业生人数、就业人数及就业人员占毕业生比例等的演变（大学本科）[1]

出处：学校基本调查年份统计

1

1）“升学就业皆无人员”是一群非常明确的人群，指既非帮忙家中事务等的就职，也非“升入大学院等”“升入职业学校、留学海外等”的人。

还有，2003 年前数值中包括“升入职业学校、留学海外等人员”。

另外，“找到临时性工作的人员”指找到有临时性收入工作的人，1987 年以前包括“升学就业皆无人员”。

2）就业人员中，“非正式职员等的人员”指规定雇用期限超过 1 年的人员，且每周规定的劳动时间为 30–40 小时。

然而，大学毕业后还是存在就业难问题。随着大学升学率的增加，大学毕业生人数也随之增加，增加部分的毕业生基本无法找到稳定的就业单位，这种情况一直持续到 2003 年左右，这一年应届大学毕业生中，“升学就业皆无人员”与“找到临时性工作的人员”合计比例达 27%（图 5–1）。

从劳动统计的角度来看，平成时期非正式劳动者人数持续增加。如图 5–2 所示，非正式就业中性别差距非常明显，女性 30 多岁年龄段比较年轻的年龄段的非正式就业率更高。男性总体而言非正式就业率低于女性，但 25–34 岁年龄段从平成初期的 3%上涨至平成后期的 15%以上。

原本日本劳动力市场的特点是正式就业与非正式就业之间在就业稳定性和薪金方面存在明显差距。在战后日本式流通模式下，男性成为正式劳动者的主力军，并成为企业构成的一部分，享受工作的稳定与年功序列的薪金上涨，但被要求作出无限制的贡献；而另一方面，非正式劳动的对象是以获得补充性、临时性收入为目的的家庭主妇与学生等，因此自然考虑短期就业和低水平的薪金。

平成时期，需要维持家庭生计却从事着非正式工作的人数有所增加，但即便如此，依然与正式从业人员之间继

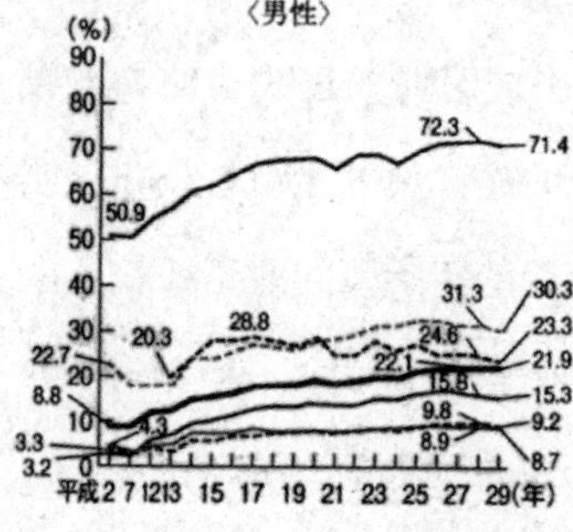

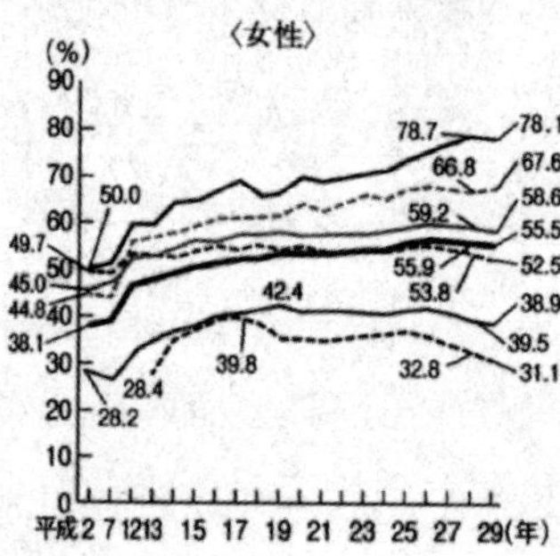

图 5-2 按年龄阶级的非正式雇用劳动者比例演变 [1]

出处：内阁府《平成 30 年版男女共同参画白皮书》

1

1）1985 年至 2001 年，笔者根据总务厅“劳动力调查特别调查”（各年度 2 月）制作而成；2002 年以后，笔者根据总务省“劳动力调查（详细统计）”（年平均）制作而成。“劳动力调查特别调查”与“劳动力调查（详细统计）”，在调查方法、调查月份等方面有所不同，需要注意按时间顺序进行比较。

2）“非正式职员、从业者”到 2008 年为止，是“兼职、打工”“劳动者派遣事业所的派遣职员”“合同职员、委托职员”及“其他”的合计数值，次年起新设该门类进行统计。

3）非正式雇用劳动者的比例，根据以下算式得来：

“非正式职员、从业者”/（“正式职员、从业者”+“非正式职员、从业者”）×100

4）2011 年数值中，关于岩手县、宫城县及福岛县部分，由总务省补充推测得来。

续保持着牢固的分界线。另外，即使正规劳动者比非正规劳动者具有相对优势，但他们的劳动环境也变得越来越糟糕，面临工作时间长、工资低、职权骚扰等问题。

从 20 世纪 90 年代到 21 世纪初，无法正式就业的年轻人数量增加，被视为新的年轻人就业问题的核心。2003 年，政府各机构联合在二战后首次实施了一系列就业政策——“青年自立挑战计划”，目的在于防止“自由职业者”的年轻人不稳定就业人数的增长。2004、2005 两年，被称为“啃老族”的不求职无业青年已成为社会问题。但是，从那时起，年轻人即使是正式劳动者，也面临着严酷的工作环境，出现了“工作贫困”及“黑心企业”这类词，并已普及至社会。同时，也有学者指出，非正式就业的问题不限于不稳定的就业与低工资，报酬与责任不对等、长时间劳动的“黑心打工”也值得注意。

有关日本企业的转型，请参阅第四讲《日本企业的前途》。本讲将确认的是，平成时期年轻人困境的最主要因素——劳动力市场。

✣ 年轻人的贫困与不平等

在战后日本式流通模式中，人们的生活保障几乎完全依靠在企业的就业与薪水，而企业即劳动力市场的转变直接导致生活贫困人口的增加。2006 年时任总务大臣的竹中平藏接受报纸采访时表态说：“社会层面必须解决的一大问题——贫困，在我们国家已经没有了。”然而，日本的相对贫困率在民主党 2009 年上台后即刻由厚生劳动省首次公布，2007 年为 15.7%，在经合组织 30 个成员国中排名第四。从那以后，日本国内也开始积累有关贫困状况的分析。

图 5–3 是阿部彩从性别、各年龄段、各时间节点对贫困率的相关分析。首先是男性方面，随着时间节点的后移，老年人的贫困率呈下降趋势，相反，20 多岁前半段为中心的年轻人贫困率呈上升趋势，超过了 20%。女性方面，老年人贫困率的下降不如男性明显，但年轻人的贫困率上升趋势与男性相同。由此可见，老年男性贫困率下降的原因在于退休后肯定拿得到退休金等的几代人已步入老龄期。而另一方面，本人或父母一代在 20 世纪 90 年代遭遇日本式流通模式崩溃后，他们的下一代生活收入极端不足的问

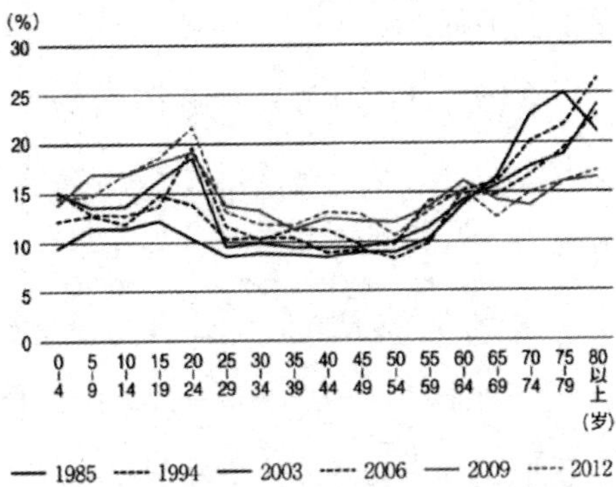

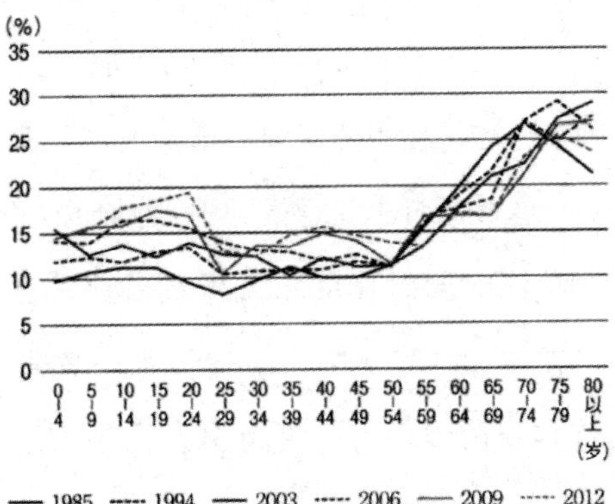

△ 图 5-3-1 男性的相对贫困率（1985-2012）

▽ 图 5-3-2 女性的相对贫困率（1985-2012）

出处：阿部彩《贫困率的长期趋势：以 1985-2012 年国民生活基础调查为基准》（《儿童贫困实际状况与指标建立的相关研究：平成 26 年度总结性研究报告书》，2015 年）

题日益明显。

导致年轻一代经济贫困的因素之一，如前所述的大学入学率上升，奖学金获得者人数随之增加。日本学生支援机构（直到2004年称为日本育英会）的奖学金颁发对象从1998年的50万人增加到2013年顶峰的165万人，膨胀了三倍。日本的大学学费在世界范围都显得偏高，就读大学人数的增加也包括经济上勉强能够读大学人数的增加。这些奖学金原本都是贷款制，平均每人的还款额超过300万日元。大学毕业后背负着沉重债务走上社会的年轻人多了起来，这笔债也将对他们选择人生道路产生影响。

在战后日本流通模式中，标准的人生道路是这样的——大学毕业同时作为正式职员就业，几年后结婚生子，但它在20世纪90年代后逐步走向瓦解。1990年未婚率在30多岁前半段男性中为32%，在30多岁后半段男性中为19%，在2015年分别为47%、35%，男性的终身未婚率也在同一时间段从5%上升至23%。劳动力市场的不稳定妨碍了家庭的组建，由此导致80年代以来出生率持续下降。人口规模最大的团块世代二代未能造就婴儿潮，从而使日本几乎永久丧失了扭转少子老龄化与人口下降的机会。对父母一代而言再自然不过的人生阶段已慢慢无法出现在年轻一代当中，过去经济增长时期广泛发生的几代人之间的阶层上移再也没有了，结果反而逆转成了阶层下滑。

不过，年轻人的贫困与人生道路的变化，并非在年轻人内部统一发生。在年轻人中存在着纵横交错的分界线，除了性别以外，还有出身家庭的经济状况、居住地区、学历等各种优缺点的划分。随着就读大学的学生人数增加，在就业等方面不同大学之间的差距进一步明显了，而非大学毕业生与大学毕业生之间的差距也比过去更加严重了。吉川彻根据社会调查数据指出，年轻的非大学毕业生更多生活居住在小地方而非大城市，他们的工作缺乏稳定性、收入低，且在文化活动、消费行为、政治参与等各方面，比大学毕业生更为消极（吉川彻《日本的断裂：被剥离的非大学毕业年轻人们》，光文社新书，2018 年）。

尽管社会流通结构崩溃了，但有些年轻人出生、成长于大城市的高阶层，毕业于知名大学，进入知名企业或政府机关，仍然能够首尾一贯地成功完成过渡。另一方面，也有与之生活完全不同的年轻人，一代人身上就体现出了如此大的差异，无法一概而论，“生存艰难”的浓淡由此显现。

✤ 关于“年轻人”的言论、纠正年轻人的政策实施

到目前为止所探讨的年轻人变化，引起了社会民众的关注与各种议论。平成时期所产生的关于“年轻人”的言论比此前任何时期都多。触发讨论的是平成初期连续发生的几个事件。1989 年犯人遭到逮捕的东京埼玉连环幼女绑架杀人事件、高学历年轻人加入的奥姆真理教所实施的数起杀人事件（1994 年松本沙林毒气事件、1995 年东京地铁沙林毒气事件等）、14 岁初中生所犯下的神户连环儿童杀伤事件（1997）等，在 90 年代引起巨大的社会不安。究其原因，有学者提及了儿童与年轻人种种的“心理黑暗”（铃木智之《“心理黑暗”与动机的词汇》，青弓社，2013 年）。

当以上对年轻人的不安感与他们的就业问题融合在一起后，90 年代后半期以来各种批判年轻人的言论就开始广为流传了。人们开始将寄生于父母、无法自立的年轻人定义为“单身寄生族”，无法拥有稳定工作的“自由职业者”人数增加，在这样的背景下，2004 年至 2005 年，从英国引进了“啃老族”（NEET）一词，用于指代毫无动力的年轻

人，并赋予了日本独有的定义，在大众媒体中广泛使用（本田由纪、内藤朝雄、后藤和智《别叫我“啃老族”！》，光文社新书，2006年）。有关“啃老族”的主流论述是“啃老族撒娇，精神上较为软弱，他们变成这样取决于父母养育孩子的方式”，有人认为他们对社会构成风险，是有害的存在。

这些关于年轻人的观点，首先以互联网媒体等为平台广为流传，后被及时转移运用到各种政策文件中，从而推动了基于年轻人观政策的实施。例如，1997年6月神户连环儿童杀伤事件的犯人遭到逮捕后，8月文部大臣便向中央教育审议会征求政策意见——“开始于幼儿期的心理教育的理想方式”。1998年6月该审议会提交了名为《为了培养开辟新时代心理——失去培养下一代心理的危机》的答复意见。其中向家庭、学校、地方多方提出了要求，希望克服“道德下降”以促进“心理的丰富”和“生存能力”的养成。

另外，作为年轻人就业问题的关联内容，2003年文部科学大臣、厚生劳动大臣、经济产业大臣、经济财政担当大臣联名发表的上述《青年自立挑战计划》，可以说是典型代表了。根据该计划，造成年轻人就业问题的原因在于供需不匹配及人才培养体系转型滞后，还有“无法设定未来目标并缺乏实现这些目标执行力的年轻人正在增加”。作为具体对策，主要列举了“推进职业教育与职业体验”“推进日本版双轨制教育体系及自由职业者再教育计划”“职业支援者的就职援助”等等，主要从劳动供给侧进行介入开展就业援助。2004年制定了《青年自立挑战计划行动方案》，其中添加了针对“啃老族”的新政策，“创设合宿形式的‘年轻人自立塾’（假定名）用以提高自信、激发提升动力”。

与“青年自立挑战计划”同时，内阁府同年成立的“人间力战略研究会”提交了一份报告，其中指出一大问题——“在日本，不仅经济与社会体系，构成其根本的国民基础能力即人间力[1]也在逐年减弱”，并倡议，以此为基础导入职业教育、改革学校、提升家庭及地方的教育能力。

综上所述，从20世纪90年代到21世纪初与年轻人有

1　人间力为日语汉字“人間力”，在“人间力战略研究会”的报告中，对其定义为“构成社会并参与运营的同时，作为自立的个人所具备的强大的生存综合能力”，分为三大部分：知识能力、社会人际交往能力、自律能力。——译者注

关的政策可知，年轻人的道德与动力的下降是各种问题的根源，对此加以改善并提升“生存能力”与“人间力”成了贯穿始终的解决方案。

在平成时期后半段，也出现了问题在劳动力需求侧（公司）的相反观点，随着劳动力供求结构的变化，批判年轻人观点的影响力已不及21世纪初。但是，“宽松世代”“年轻人的××远离”等，各类改变形式的关键词仍然残留在揶揄年轻人的话语中。随着平成的终结，平成早期进入社会的年轻人现已接近中老年。仁平典宏指出，一旦年轻人不再年轻，他们过去的状况就会在整个社会扩散，年轻人之间的差距越来越大，“年轻人论”所具有的真实性正在减弱（仁平典宏《化解年轻人论——与“3·11”以后的社会条件相关联》，《学术的动向》杂志，2015年1月期）。

✣ 教育政策的变化

如前所述，平成时期年轻人的相关议论以批判年轻人与矫正的必要性为基调，而矫正的主要途径为学校和家庭。

关键的课题在于家庭中的教育以及为强调“家庭教育”而采取的政策干预，以使其成为重要课题（参阅本田由纪、伊藤公雄《国家为何要干涉家庭？》，青弓社，2017 年）。本讲将重点关注以学校为对象的教育政策的变化。

表 5–2 总结了平成时期教育政策的主要变迁。表中的“精英主义”意为重视卓越的知识能力（主要表现为“学力”）的观点，而另一方面“超精英主义”意为强调知识以外的人格、情感、动力等（以“生存能力”与“人间力”为关键词）的观点。此外，“超教化”表达了更强大的“教育”版本，这曾在战前的教育敕语体制中占支配地位，“教化”要求所有人具备特定的价值意识与态度。以上这三大动向经过几番沉浮在平成末期都得到了一定程度的推动。下文将更为详细地说明这一过程。

平成初期的教育政策受到 1985 年至 1987 年临时教育审议会[1]的四次报告影响，以“重视个性原则”与“教育自

1　临时教育审议会：1984 年在中曾根康弘首相的主导下成立的临时咨询机构，直属于内阁，旨在对教育改革的调查、审议。1985 年至 1987 年提出 4 份报告，提倡脱离整齐划一的学校中心主义教育。随后学习指导要领得到全面修改，建立初高中一贯制学校，实施大学入学中心考试，等等。

表 5-2 平成时期教育政策的演变

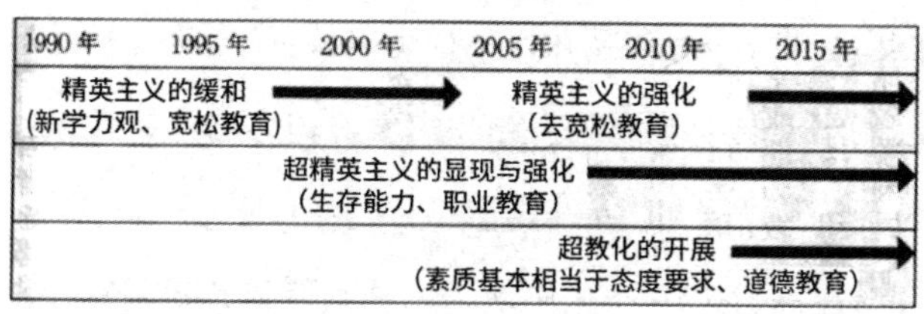

由化”为基本方针。1992 年发布实施的学习指导要领打出了主体重视独立思考与学习的“新学力观”概念，引入一周五天的学校工作周制度；2002 年开始实施的学习指导要领将大幅度减少上课课时数、增加“综合学习时间”等落到实处，这就是所谓的“宽松教育”政策。由此，“填鸭式”的精英主义暂时得到了缓和。

然而，自 20 世纪 90 年代后半期以后，这样的大方向导致“学力下降”，有关于此的讨论与调查结果大量冒了出来。2002 年初，时任文部科学大臣的远山敦子以“学习的规劝”为题开展紧急研究，呼吁“扎实学习能力”的重要性。2003年对刚刚实施的学习指导要领进行部分修订，最低标准的学习指导要领以后也可以教授“渐进式学习”了。之后的学习指导要领又将删除的学习内容与课时数添加回来，开始渐渐回归精英主义。

与此同时，90年代出现了一种新趋势，强调除知识方面之外还必须更为灵活、全面的“××力”，即“超精英”。其典型便是1996年7月中央教育审议会[1]所提交的报告《展望21世纪我国教育应有的形式（第一次报告）》。以下便是该报告对“生存能力”的详细说明。

> “生存能力”是所有人的力量，可以从广泛而多样的观点进行扩展。
>
> 首先，“生存能力”是人的实践能力，在今后瞬息万变的社会中，有必要在任何情况下与他人合作的同时都可以过着自律的社会生活。这不仅仅是书本知识，而应该称其为为了生存下去的“智慧”，以我们的文化与社会知识为基础，必

1　中央教育审议会：文部科学大臣的咨询机构，成立于1952年，属于文部科学省地位最高的咨询机构，处理最为基本且重要的事务。2001年与大学审议会等6家咨询机构统合，进行了重组。

须在社会生活中得到实际应用。

“生存能力”不单是记住过去的知识，也是即便在首次遭遇的情况下也能够自己发现问题、独立思考、自己解决问题的素质与能力。今后随着信息化的发展越来越必需的便是从不断增长的信息中选择自己真正需要的信息并独立建立自己想法的能力，这是“生存能力”的重要元素。

另外，“生存能力”不仅包括理性的判断力与合理的精神，还包括诸如感动于自然界美好事物内心的感性部分。此外，打动善行与憎恶错误行为的正义感、重视公平的心灵、珍惜生命且尊重人权的内心等的基本道德规范，关心他人的善心与温柔、能够站在他人立场并产生共鸣的温暖之心，志愿服务等社会奉献精神也是塑造“生存能力”的重要支柱。

以上内容构成了超精英主义，进入 21 世纪后被重新定位为“职业教育”的组成部分。中央教育审议会在 2011 年的报告《关于今后学校职业教育的应有方式》中将“职业教育”

定义为掌握由“人际关系形成、社会形成能力”“自我理解、自我管理能力”“解决问题的能力”“职业规划能力”“职业提升速成能力”所构成的“基本通用能力”，并提倡有必要通过所有的学校教育阶段及终身教育持续开展。

精英主义重视“学力”，超精英主义重视“人间力”，各自都显示着某种“能力”，而这些能力的有无或高低存在个体差异是不言而喻的前提。与之相对的是，“教化”体制则将某些价值观与规范统一灌输给所有人，不允许存在人与人之间的差异。“教化”强行要求每个人都拥有特定思维、感受方式、行为方式。2006 年新颁布的《教育基本法》，对平成后半期色彩更为浓厚的“教化”体制根基做了整改。

最新的《教育基本法》第 1 条指出，教育的目的在于“培养具备形成和平民主的国家与社会所必需的素质的身心健康的国民”，第 2 条则列举了 5 个实现这一目标的具体方面，所有方面都包含“培养……态度”这一措辞。换言之，新《教育基本法》规定，所谓教育，是以培养素质（基本相当于态度）为目的所开展的活动。另一方面，保守阵营组织“日本会议”作为首相安倍晋三的支持基础之一，在其网站上表示了欣喜之情，通过新《教育基本法》培养“具备尊重传统、热爱国家、奉公献身的‘知德体’的青少年，可以作为完成目标来强制执行”（2007 年 3 月 15 日“opinion”专栏，重点符号由笔者所加）。

《教育基本法》修订两年后，学习指导要纲修订版发布，由于准备期短，因此没太多反映出新《教育基本法》的内容。但在 2017 年发布的修订版本中，对之前的学习指导纲要进行了结构迥异的大幅度修改。换言之，教育被定义为悉数运用教育内容（“向社会开放的教育课程”）和教育方法（“主体式、互动式的深度学习”），以“素质、能力”的形成为目的开展的活动。此外，在应该形成的“素质、能力”中，比起“知识、技能”及“思考力、判断力、表现力等”的“能力”，“学习向心力、人性等”的“素质”更为重要。

由此，新《教育基本法》所规定的素质（基本相当于态度）的形成，作为一项具体计划被强制纳入了学校教育。其重要一环便是新编写“特别教科书”，中小学为《道德》，高中则是《公共》。

2017 年国会上，内阁成员允许学校一线使用战后理应废除的教育敕语，而与之形成对比的是社会上批判之声不绝于耳。尽管战前的教育敕语只是天皇列举美德的私人文件，但在学校一线却作为“教化”的工具发挥出了巨大力量（教育史学会编《教育敕语有什么问题》，岩波BOOKLET，2017年）。可以看出，平成末期所出现的“超教化”的学校教育结构其作用凌驾于教育敕语，旨在将学校教育内容方法全部吸收，用来培养为国贡献的素质（基本相当于态度）。

以上的精英主义、超精英主义、超教化三者，会给年轻人带来什么影响，目前由于不知全貌而不得而知。但平成时期的观点与政策所充斥着的潜台词，于年轻人中形成了某种程度的固化。

✜ 年轻人的“现实主义”

年轻人被战后日本式流通模式所折磨，又沐浴在这样的信息中——“境况糟糕的原因在于毫无动力、人间力”，“加强你们的动力和人间力，生存下去吧”，还被要求“爱这个国家吧，来为这个国家作贡献”。这些召唤在年轻人中留下了什么呢?

2007年至2011年之间有这样一份以年轻人为对象的跟踪调查数据，其中包含了有关社会意识的项目。有海拓己分析了这些意识项目，对于“年轻人之所以无法获得稳定的工作是因为他们没有尽力而为”“贫穷是他们的责任”等说法即“自我责任”的认识持肯定态度的比例，在调查期间约为50%。此外，对于“发挥出自己的能力获得优秀业绩的人拥有高收入且地位高是件好事”“发挥出自己的能力通过优秀的业绩来判断人的价值是件好事”“一项工作应该由有能力胜任这项工作的人来做”等意为“精英主义”的项目，在调查期内的肯定率始终都保持在80%–90%的高水平。通过对从“非常认同”到“完全不认同”各选项进行打分并探讨变化，从统计上证实，这些认识在2008年到2011年之间甚至还在上升。通过多变量分析来探讨变化的主要因素后，出现这样一种倾向——那些对政府与企业不满较多的人对“自我责任”的理解处于较低水平，而相反的是对“精英主义”的理解则往往处于较高水平（有海拓己《年轻人的社会观、认识及变化》，乾彰夫等编《危机中的年轻人们》，东京大学出版会，2017年）。

发挥某种形式的“能力”（其中混杂着精英主义与超精英主义）生存下去吧、只能生存下去、如果政府和企业靠不上只能这么做了——这些认识在平成的年轻人中渗透得极为广泛而深入。反言之，那些不具备“能力”的家伙们（假设他们本人也这么认为）会怎样就管不了了——这是一种极为残酷且充满个性化的认识。

然而，年轻人并非如一盘散沙毫无统合性。有调查结果表明，某些政客意欲将他们整合到“国家”框架中的企图正在逐步实现。友枝敏雄等人以福冈县高中生为对象在2001年、2007年、2013年进行调查，结果显示，肯定“日本的文化与传统优于其他国家”的比例分别是29%、38%、55%，肯定“应在各类仪式庆典中使用国歌、国旗”的比例分别是17%、26%、39%，两者均在明显上升（友枝敏雄编《生活在风险社会的年轻人们》，大阪大学出版会，2015年）。

他们接受矫正，生活在枯燥的“现实主义”中，仿佛别无选择。平成时代所带来的回响，今后将跨越未来在这个国家留下长长的印迹。

扩展阅读书目

片濑一男：《年轻人的战后史——从军国少年到失去的一代》，密涅瓦书房，2015 年。

本书使用问卷调查数据、政府统计、文档资料等，军国少年、集体就职、延期偿付、信息新人类、失去的世代等各时期的年轻人主要课题，记录它们的“历史过程”，对它们的真实面目进行重构。为了恢复逝去的“批判、对抗、合作文化”而考察年轻人文化的应有状态。

有田伸：《就业机会与报酬差距的社会学——非正规雇佣、社会阶层的日韩比较》，东京大学出版会，2016 年。

与韩国进行对比，本书在理论层面用实证方法挖掘日本的正式雇佣与非正式雇佣之间产生鸿沟的渊源。日本劳动力市场计酬的特殊性在于，不依据个人能力而是职位高低，这一特殊性不仅表现在计量分析上，也表现在政府统计中对专业用语下定义等，本书就是在各类资料素材的基础上进行论述的。

石井真、宫本道子、阿部诚编：《在地方生存的年轻人们——从采访中了解工作、婚姻、生活的未来》，旬报社，2017 年。

本书通过采访年轻人加上政府统计等，记录地方上生活的年轻人在教育、工作、组建家庭等方面的困难，探讨在政策援助不充分的情况下年轻人如何自立于世。

小谷敏编：《21 世纪的年轻人论——在暧昧不安中生存》，世界思想社，2017 年。

结合年轻人的实际状况及其相关学说，本书以 20 世纪 90 年代至 21 世纪第 2 个十年各类“年轻人论”为镜像并加以探讨。围绕未成年犯罪、啃老族、班级内身份制、御宅族、小混混等各类现象，对批判性“年轻人论”开展批判性论述。

藤田英典：《安倍“教育改革”为什么是个问题？》，岩波书店，2014 年。

安倍政权教育政策问题点以思想统制、人格统制、教育机会的制度性不均化、教育统制、财政行政统制“五支箭”为特征，本书侧重于对此开展论述，并在此基础上，提示如何从全球化的脉络中进行方向性改正的可能性。

第六讲 大众传媒的窘境

◎ 音好宏

在日本近现代媒体史中，平成时期可以说是以电信技术发展为背景并实现多样化迅速发展的30年。在平成30年间前半段的多媒体化、多频道化浪潮以及后半段的数字化、全球化浪潮中，媒体行业本身产生了质变。特别是互联网的出现，极大地改变了我们日常所接触的媒体交流过程。曾几何时，向不特定多数人群的单向消息传输，为传统大众媒体所垄断，现在任何人都可以轻松进入大众传播过程。

当然，报纸、广播、图书期刊等传统大众媒体长期以来在日本媒体史的发展中起着主导作用，而以互联网的出现为标志，它们的技术变革也不得不开展起来。

不过，广告媒体的业务模式是与微观经济趋势呈联动状态的。平成时期前半段，日本传统大众媒体与日本经济达到顶峰的轨迹保持一致，其业务也到达了峰值。平成时期后半段，泡沫经济的崩溃导致日本经济下滑，夹杂着新数字媒体扩张，传统大众媒体的势头开始转弱。在这样的环境变化中，传统的大众媒体如果不想被时代所抛弃，就必须进行剧烈的结构改革。

在此，首先追溯平成时期的媒体业历史，回顾一下传统媒体的核心——报纸与广播。

✜ 平成的报纸

作为日本近代媒体发展史的特征，新闻资本的存在是其主要的驱动力。明治时期，作为小新闻[1]登上历史舞台的是大众报纸，进入大正时期后发展迅速。如今的《朝日新闻》

1　小新闻，即明治初期至中期受到普通民众欢迎的娱乐类报纸的总称，与被精英阶层阅读的政论类报纸——大新闻相比，报面偏小，因而称为小新闻。最早的小新闻是《开知新报》（1869），正式发行的小新闻最早为《读卖新闻》。小新闻的特点在于标记假名、有插图、价格便宜、版面设计便于阅读。——译者注

《每日新闻》等全国性报纸在那个时候奠定了基础。此后，在昭和时期的国家总动员体系中，报纸被统合收编，全国性报纸与形成寡头势力的地方报纸形成共存体系，并在二战后存续。

二战后，新的商业放送（民营放送）登场，尤其对于电视放送的开设，新闻资本介入积极，尽管存在多寡的区别，但大多数都分到了一杯羹。另一方面，针对以收视费为主要财源的 NHK 业务扩张，日本新闻资本通过“民营压迫”的方式进行牵制，从而继续对放送业产生一定程度的影响。

这也有助于维持报纸在日本媒体行业的地位。报纸的压倒性报道能力在不允许其他媒体开展新闻服务的情况下，曾对国家政治和地方政治都产生了一定的影响。换言之，报纸报道政治细节，民众了解政治动向。另外，报纸还唤起舆论，使民众对政治的评价显现出来，从而催生了报纸神话。在政治动荡时期，这一报纸神话具备了更大力量，对于平成时期两次非自民党政权的诞生及随后的自民党政权回归，报纸的政治报道确实产生了相当大的影响。

另一方面，从平成时期中叶到后半叶，在被称为“电视政治”（telepolitics）的电视类政治报道及互联网发展的

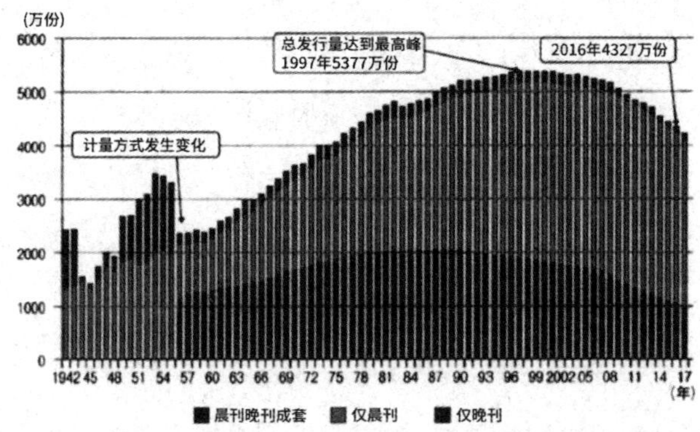

图 6–1　报纸发行量的变化

根据社团法人日本新闻协会的资料制作而成

背景下，政治信息的直接传达途径得到了扩展，因此报纸神话产生了动摇，这可以说是平成时期的一大特征。

从工业角度看，日本的报纸在平成时期上半叶到达顶峰。1997 年，日本报纸发行总量的记录为 5377 万份。报社销售总额在 2007 年达到 2.249 万亿日元的峰值以后呈下降趋势。

日本的报纸拥有完善的配送体系，可以说就是在这样的配送体系支持下日本的报纸保持着较高发行量。一家报社尽可能将开展读者配送业务又独立经营的报纸销售店铺作为自己的专卖店，保持与其他报纸竞争的实力，同时将这些专卖店网点化，与其他销售商店联手，通过派遣“扩张专员”来获得新客户，从而保持与扩大发行量。日本的人口直到21世纪第2个十年为止保持持续增长，随着核心家庭的发展，家庭数量也随之增加。

当然，发行量的扩大直接与报纸广告的媒体影响力上升相关联。日本最大的广告公司——电通，每年1月发布广告统计数据《日本的广告费用》，数据显示了报纸、电视、广播、杂志四大大众媒体的广告费用，按类别来看，1975年报纸将第一的位置让给了电视，此后两者之间差距不断拉大，但就报纸广告本身而言，从那以后一直在稳定增长。其原因之一在于报纸广告顺着泡沫经济的东风而增长。

然而，泡沫经济崩溃之后，报纸的发行量急剧下降。

正如上文所示，到2019年为止报纸发行量最多的年份为1997年，此后保持快速下降趋势。报业销售总额在2005年达到2.4188万亿日元，2015年萎缩至1.79万亿日元。换言之，过去十年来报纸的销售总额减少了约5900亿日元。根据日本ABC协会的调查，2006年总发行量为5231万份，

2016年为4327万份。平成时期后半叶，市场规模缩小到五分之四左右。

另外补充一点，团块世代对报纸的亲和力最高。从人口统计数据来看，在平成早期报纸这一媒体迎来最高峰时，团块世代在家、在工作场合都有权决定订阅报纸。

平成时代在2019年落下帷幕。团块世代迎来了70岁。尽管日本人的平均年龄超过80岁，但男性的健康预期寿命为71.19岁，女性为74.21岁。

据说，作为报纸主要读者的老龄人群，会在自己去世、搬入养老设施或老伴需要护理时，终止报纸的订阅。换言之，一旦超过健康预期寿命，终止报纸订阅的可能性将突然增加。团块世代是报纸阅读时代的中心，他们将在21世纪20年代超过平均健康预期寿命，这便意味着报业的未来将惨淡如乌云笼罩。

当然，报纸行业并不会就此袖手旁观。

从很早开始，便有人指出报纸的未来可能会转向电子版本。尽管报业依靠独特的配送体系来维持发行量，但进入21世纪后发行量迅速减少，被迫舍弃销售店而转向电子版，毫无疑问将成为一场动摇报业基础的变革。

目前，《日本经济新闻》处于最前沿，领先其他报纸于2010年3月起推出电子付费版本。根据2018年6月5日《日本经济新闻》的电子版介绍报道，付费会员数量已达60万。这说明它已经成长到相当于《信浓每日新闻》和《静冈新闻》等实力派县级报纸订阅数的程度了。

当然，《日本经济新闻》相比其他全国性报纸而言，读者压倒性地集中在东京、大阪，在销售店问题上较容易处理。其他报纸今后将如何处理电子版的问题，关键在于日本特有配送体系的走向。

✣ 放送方式趋向多样化、收费放送的诞生

1989年6月，NHK在世界率先开启了观众直接接收的卫星放送事业。NHK从1984年6月开始对放送卫星开展试验性放送。也就是说，花了5年时间从试验性放送转为正式放送。

《放送法》第15条规定，NHK要“在日本全国能够普遍接收到”。该规则被称为“普遍规则”，也就是说，

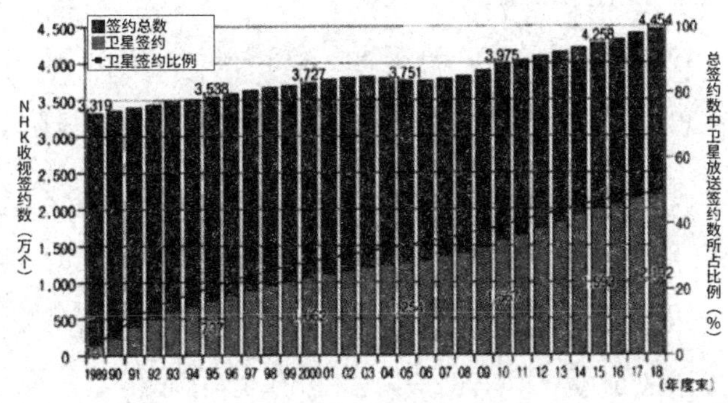

图 6-2 NHK 接收签约数量的变化

根据 NHK 主页“收视费、收视签约数相关数据”制作而成，2018 年的数据截止至 9 月末

NHK 有义务向日本国内所有地区提供放送服务。然而，在偏远的岛屿和偏远山区等地，修整接收环境需要大量资金，但很多情况下该服务的受益者数量很少。而要向这类区域提供放送服务，卫星放送系统可谓拥有极高的效率，因为放送卫星可以直接向这类区域的观众提供放送服务。

NHK 开始直接广播卫星（BS）放送的主要目的在于满足《放送法》所规定的“普遍规则”，当然 NHK 开始卫星放送服务会使多频道放送多样化，还会开拓出高画质、数字放送等新型放送服务。

1965 年，当时的 NHK 会长前田义德提出了“卫星放送畅想”的未来放送的模式，NHK 将会发射自己的卫星，每个家庭将直接接收放送内容。前田会长的这一畅想在四分之一个世纪后得以实现。当然，前田义德所提出的“卫星放送畅想”，不单只是应对收视困难的手段，还是探索放送未来的方法。

另一方面，伊藤忠商事等成立了日本通信卫星株式会社（JSAT），1989 年 3 月 6 日成功使用阿里安系列火箭发射了通信卫星 JCSAT-1。这是日本民间第一颗商业卫星。同年 5 月 6 日，由三菱商事集团成立的卫星公司——宇宙通信成功发射了第一颗卫星超鸟 1 号。两家民营通信卫星公司的问世，为有线电视带来了巨大的业务变化。

日本的有线电视作为地面放送的补充，在电视放送开始的两年后，1955 年始于 NHK 在群马县伊香保温泉安装联合收听设施。因此，CATV 最初是社区天线电视（community antenna television）的缩写。还有通过有线电视用于地面放送以外的空频道来提供其自己的服务（独立频道）以增加有线电视媒体附加值的倾向。20 世纪 80 年代，当时的邮政省与通商产业省提出措施将新媒体系统与地方振兴联系起来，引起了人们对新信息通信系统的高度关注，即所谓的“新媒体”热潮。

✣ 太空光缆网络

在这样的背景下，1986 年 7 月以东北新社为中心所设立不久的西方电影频道“星空频道”（Star Channel）诞生，成为日本第一个付费频道，是专供有线电视与酒店的服务。长野县上田市的上田有线电视是第一家将该频道引入了自家频道阵容的。星空频道通过盒式磁带将放送节目（电影）交给上田有线电视。据说 1986 年 7 月上田有线电视开始这项服务后，签约星空频道的家庭用户数为 189 户。

于是，民营通信卫星就此登场。

“星空频道”于 1989 年 9 月开始通过上述的超鸟 1 号卫星向有线电视发布节目，JSAT 也开启了同类服务，这便意味着通过卫星面向全国各地的城市有线电视，一个不同于地面电视放送网络的节目供应系统形成。它被称为“太空光缆网”。

为提供面向有线电视的节目，1989 年 7 月三菱商事、索尼等设立运营 Skyport 中心。它的成立不仅实现了向有线电视发布节目，还进一步推动了使个人及普通家庭能够接收的体系发展。但是，这一构想恐怕会导致“通信”性质的有线电视分发服务转变为“放送”性质，对此邮政省则静待其业务的开展。这就是所谓的 Skyport 事件。

如果放送业务本身通过通信卫星的某些频道得到总务省的认可，那么可以建立独立法人并逐步调整部分内容的使用频道，从而允许通过 Skyport 向个人及普通家庭提供放送服务。由此，通信卫星（CS）放送从 1992 年 4 月开始。

当时，通信卫星的中继器（transponder）使用费每年约为 1 亿日元，如果无法尽可能吸引到更多的客户，那么中继器费用对于节目提供商而言会成为沉重负担。因此，就同行业的角度来说，期望获得包括个人用户在内的更多用户并开展不同于地面放送的收费业务而迅速进入发展轨道。另一方面，通信与放送边缘领域的服务预计今后发展将愈加广泛，这将会开启一个制度不够完善的阶段，对于邮政省来说，即便想着手推进制度整改，也恐怕会遭到既得利益者的阻挠，导致制度整改难上加难。

1996 年 9 月，伊藤忠商事等出资的卫星平台公司——日本数字放送服务开启 Perfect TV，这是基于使用 JSAT 通信卫星的数字放送系统的多频道广播平台。在 CS 放送中，可以灵活有效利用中继器（transponder），从而能够以低得多的成本提供使用费。

美国 DIRECTV、三菱集团、文化便利俱乐部（Culture Convenience Club）出资的日本法人 DIRECTV 以及由美国新闻集团与软银出资的 Jay Sky B 先后建立，公布了在日本开展卫星平台业务的计划。

1997 年 12 月，DIRECTV 利用超鸟卫星开启了多频道放送平台业务。新 CS 数字放送业务在推出后不久便陷入了三方竞争局面。

然而，1998 年 J Sky B 开始业务前便与日本数位放送服务公司合并。其平台名称从 Perfect TV 更改为“ Sky Perfect TV!”（简称“SKPER！”）。2000 年秋天，DIRECTV 也放弃其业务，将订户转移到 Sky Perfect TV!，从而做了了结。

随后，2010 年 8 月，以 Sky Perfect TV! 为平台名称的

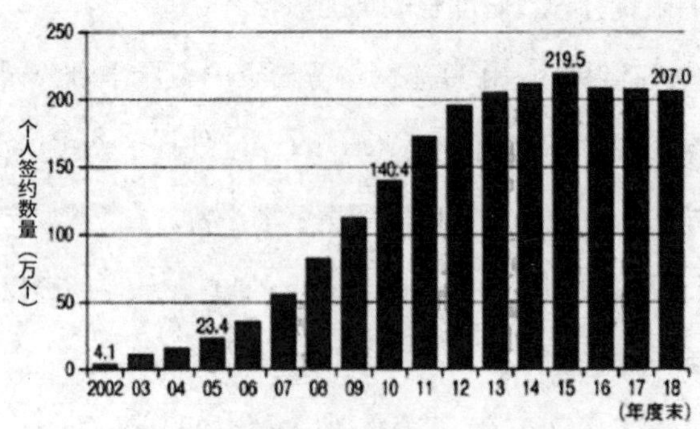

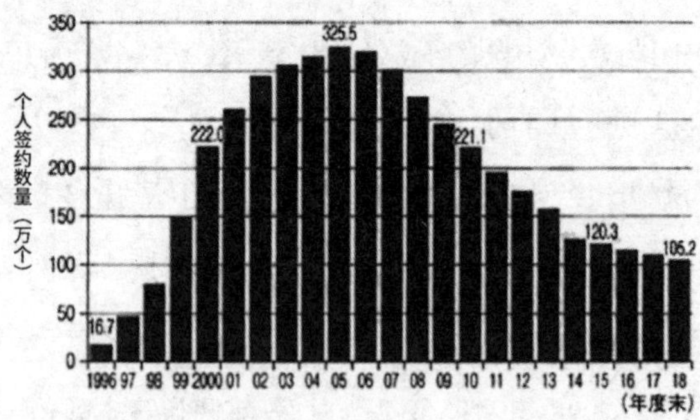

△ 图 6-3-1 加入 SKPER！（东经 110 度 CS 放送）的数量变化

▽ 图 6-3-2 加入 SKPER！高级服务（东经 124/128 度 CS 放送）的数量变化

根据 SKPER ！ JAST 会社主页“加入 SKPER ！的数量变化”制作而成。缔结收费视听签约（个人本人注册）并产生收视费支付的数量变化。2018 年的数据截止至 9 月末。

Sky Perfect Communications 与卫星运营公司 JSAT 株式会社、宇宙通信株式会社合并，即今天的 SKY Perfect JSAT。

✣ 光缆电视产业化与通信播放的融合

前文提及，有线电视业务通过与通信卫星的联动实现了多频道服务。不过，有线电视解决了使用社区天线来缓解地面接收困难的问题，从而作为“地方紧密媒体”被外界所熟知，另外政策上也采取以本地资本长期出资为优先的制度性措施。与地面放送同样，有线电视领域也限制外资进入。但是进入 20 世纪 90 年代后发生了变化，80 年代中期，邮政省内开始讨论有线电视产业化，大幅度放松了管制。

这些措施的背景在于，美国里根总统颁布了有线电视法，使有线电视业务得到了极大的自由化，通过有线电视的有线电视业务统合运营（MSO）来对整个行业进行整合与重组。另一方面，为了迎接即将到来的通信放送融合时代，对美国最大的电话公司 AT&T 进行了分拆。

1995 年 1 月 10 日，日本第一家 MSO 公司——Titus

Communications 成立，18 日 Jupiter Telecom 成立。前者由伊藤忠商事、东芝、美国的时代华纳共同投资创立。后者由住友商事与当时美国最大的 MSO 公司——TCI（现为 Liberty Media）共同出资设立。这两家企业均为日本最早的 MSO 公司，积极收购地方有线电视。2000 年 9 月，Jupiter Telecom 将 Titus Communications 收购，后者成为其全资子公司。另一方面，2010 年 2 月，Jupiter Telecom 大股东——Bati Global（负责 Liberty Media 海外业务的子公司）将其股份出售给了 KDDI。 Jupiter Telecom 在 2017 财年的合并销售额为7300亿日元，拥有17263名员工（截至2018年2月），成长为日本最大的有线电视运营机构。

当前，在有线电视业，既有放送服务，也有互联网、电话业务及电力等，呈现多样化运营。KDDI 收购了 TCI 所拥有的 Jupiter Telecom 股份后，开始对其进行管理，这是为了在电信行业竞争日益激烈的情况下与日本电报电话公司（NTT）进行对抗所采取的措施，毕竟 NTT 拥有自日本电信电话公社时代所建立的最完善通信网络。

我们可以说，有线电视不但处于通信与放送融合的最前沿，而且正在寻求突围进入生活相关产业。

✣ 地面数字放送的多极化与数字化

那么，对地面电视放送而言，平成是什么样的时代呢？

地面电视放送保持 NHK 与民营放送电视台（民放）的二元体系，顺着日本经济增长的东风，两者均迅速普及与发展。尤其是广告放送，是一项与宏观经济联动的业务，日本经济的坚挺与否和其经营直接相关。以县级许可证为单位的民营放送电视台，依据放送基本普及计划（频道计划），也会试图对新入行的运营机构实行限制，因此开展长期运营的话能够早早收回投资成本。

另外，由于 1957 年邮政大臣田中角荣提倡发行了大量预备许可证以及 20 世纪 60 年代后期极超短波（UHF）放送机构的开设，民营放送电视台在全国各地如雨后春笋般崛起。到了 80 年代，不少地区都存在两三个民营放送机构，不过寻求地区间信息差异的问题一直迟迟未能解决。为了回应这类需求，1986 年总务省部分修改了放送基本普及计划的初期方针，在“在全国各地的（民营放送）均有平等机会开展信息的接收”一项中，增加了“普通放送业者（民

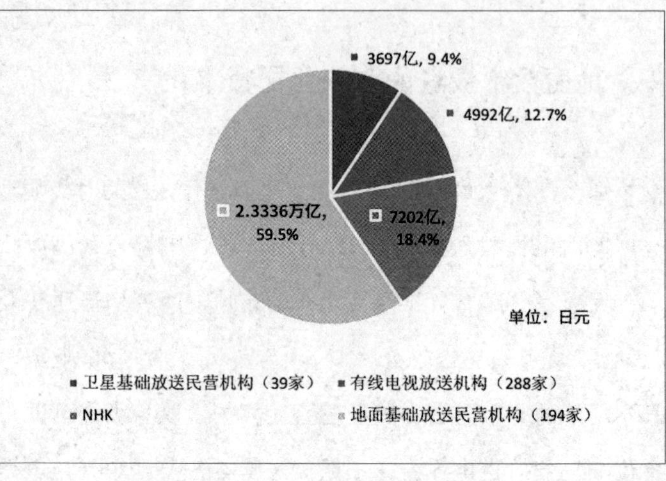

图 6–4　放送媒体的规模[1]

根据总务省资料制作而成

1

1）图中的百分比指各类放送媒体所占比例，取小数点后第 2 位四舍五入之值，因此相加后存在不一致的情况。

2）“地面基础放送民营机构”内，不包含一般财团法人道路交通情报通信系统中心及社区放送机构。

3）关于 NHK 的数值是，损益表（普通会计）的主营业务收入、非主营业务收入及特别收入之和减去未收收视费的亏损返还费用。

4）放送大学学园除外。

5）所谓“有线电视放送机构”，指的是使用有线电信设备、开展自主放送的一般放送注册机构（仅限于盈利法人），IP 组播方式的机构除外。

6）“卫星基础放送民营机构”的明细中，有 3 家机构 BS 放送与东经 110 度 CS 放送都运营，另外由于存在 1 家卫星基础放送与卫星一般放送都运营的机构，所以与总数 39 家不一致。

【卫星基础放送民营机构明细】	
卫星基础放送（BS 放送）机构（19 家）	2184 亿日元（5.5%）
卫星基础放送（东经 110 度 CS 放送）机构（20 家）	775 亿日元（2.0%）
卫星一般放送（4 家）	738 亿日元（1.9%）

【地面基础放送民营机构明细】	
独营电视放送机构（94 家）	1.8786 万亿日元（47.9%）
运营 AM 调频放送与电视放送的机构（33 家）	3434 亿日元（8.8%）
其他独营[1]（67 家）	1115 亿日元（2.8%）

营放送电视台）最少可实施 4 波的收视”的表述，从而明文规定所有县都应以“民营放送四波化”为目标。

于是，所谓的“平成新机构”就此登场。平成开业的机构从北至南依次为青森朝日放送、秋田朝日放送、岩手梦喜电视、电视山形、樱桃电视（山形）、长野朝日放送、郁金香电视（富山）、北陆朝日放送、爱电视（爱媛）、爱媛朝日电视、高知闪闪电视、山口朝日电视、长崎文化放送、长崎国际电视、熊本朝日放送、鹿儿岛读卖电视等。

1　其他独营机构包括：AM 调频机构（14 家）、短波机构（1 家）及 FM 调频机构（52 家）。

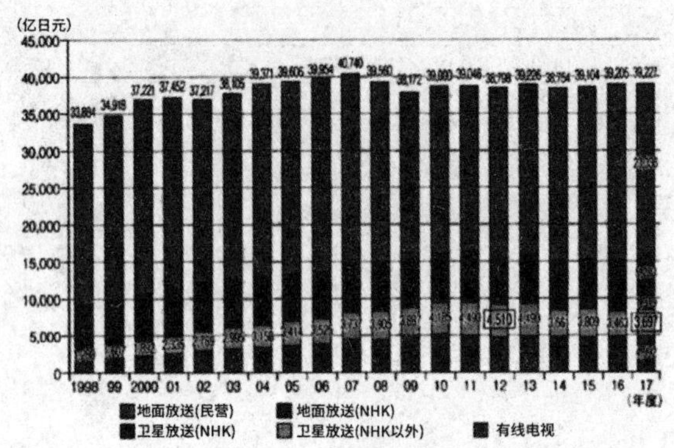

图 6-5 广播电视市场规模的变化

根据总务省资料制作而成

然而，从各县的经济规模来看多机构的县内开业，电视台之间已形成激烈的竞争，再有泡沫经济崩溃后商业广告收入的下降等，平成新机构的运营不可能还像之前地面民间放送电视台那样在开业后迅速赢利。

平成新机构面临着如此严酷的经营局势，加上后文所述的卫星放送所带来的广播服务多样化，高知闪闪电视和樱桃电视（山形）在 1997 年 4 月 1 日成立后，民营放送四波化政策就此搁置。目前，民营放送电视台在同一区域保持 3 家以下的有 13 个地区 14 个县，其中包括鸟取与岛根的二县一地区。

自 1953 年开始提供服务以来，电视放送业一直与日本经济保持着同步调稳定增长。但进入平成后半叶后，泡沫经济的崩溃、频道数量的增多及多媒体化，给电视媒体影响力蒙上了一层阴影。各电视台还要应对从模拟信号转为数字信号的挑战。向数字信号的过渡，放送机构不仅需要重调设备，包括更新电视台演播室与主调节室主设备，还有必要维护每个家庭的接收设施，敦促购买接收数字信号的电视机。

✣ 地面数字信号放送的开始

日本地面数字信号放送开始于 2003 年 12 月，以东京、名古屋、大阪为嚆矢。截至 2006 年，所有县厅所在地[1]悉数开始了数字信号放送。模拟信号放送计划于 2011 年 7 月

1 相当于我国的省会。——译者注

24日停止。但由于同年3月11日东日本大地震的影响，三大受灾地区——岩手县、宫城县、福岛县别无选择，只得推迟暂停模拟电视的放送，最后在2012年3月末结束了模拟信号的放送。

向数字信号过渡是全球趋势，自1998年英美等国开启地面数字信号放送以来，各国陆续实施过渡。

日本的数字信号过渡，直到模拟信号停止之前，国内一直存在反对意见，即“老年人和社会弱势群体对此无法应对，为信息化所抛弃”。不过，最终评价在世界范围内来看日本过渡得较为顺利。最大的原因在于日本通过独特的官民一体方式实施了过渡。此外，政府投入国家财政支持弱势群体。至于老年人们，由于喜欢看电视，每个人都迅速采取了措施，违背自身意愿而看不了电视这件事并未成为社会问题。

相反，以数字信号放送过渡为契机，不拥有电视机的年轻人数量由此大增，可以确定的是“年轻人远离电视”已呈进一步发展趋势。他们将媒体接触时间从电视转移到了互联网。毫无疑问，这是电视运营商所面临的最大挑战，即在互联网电视服务激增的情况下如何维持其业务。

表 6-1 日本放送媒体的演变发展

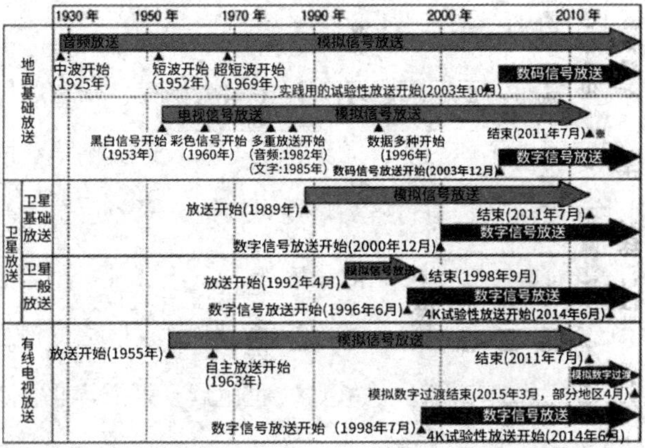

根据总务省资料制作而成。岩手、宫城、福岛为 2012 年 3 月

✣ 网络的伸展及其未来

作为互联网在日本开始广泛普及之年，1995 年通常被称为“互联网元年”，随着通信网络的成熟，其速度与传输容量不断迅速升级。

尤其是 NTT Docomo 在 1999 年公布 i-mode 模式后，互联网在手机终端的使用方式得到了普及并渗透。此后，随着智能手机作为移动终端的爆发式增长，传统的大众传媒已无法忽视移动终端的发展趋势了。

另一方面，互联网向不特定多数人群提供信息的服务已具备实际操作的可能，向不特定多数人群提供信息的服务因此欣欣向荣。当新服务层出不穷时，同行业企业会在竞争自由的市场反复代谢。

传统的大众传媒对这类向不特定多数人群提供信息的服务，也并非漠不关心，进入 21 世纪后，报纸行业在互联网上提供新闻报道，摸索通过电子报纸获利的模式，同时广播电视公司也在摸索将旗下的节目投放到互联网上。

特别是 2005 年以后，由于通信环境的成熟，视频发布开始普遍起来。类似于电视放送的服务开始在互联网上发展壮大。

✤ 真正开启视频发布服务

2015 年被称为“视频发布元年”，这年秋天，网飞（Netflix）与亚马逊高级视频（Prime Video）进一步推广海

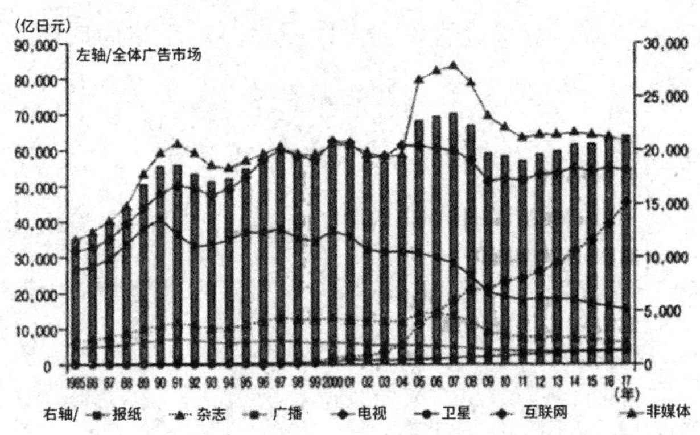

图 6-6 日本广告市场的变迁

出处：电通《日本的广告费用》

外业务——固定价格制视频发布业务（SVOD）开始在日本陆续提供服务。此后，新加入视频发布业务的陆续增多。但宏观上来看日本国内视频发布服务，市场参与者泛滥，显然已远超市场规模，甚至能感觉到它们在开展业务时已做好重组与选择的心理准备。

另一方面，2015 年 10 月，以东京几家大型民间放送为中心，通过地面传送开始了以一周为限期的发布服务“TVer”。该服务通过广告模型发布（AVOD），视频播放时必定会插播几支广告，但也会包含不同于地面放送时的广告内容。换言之，该视频发布服务是基于到目前为止地面电视放送的广告模型的扩展而开始的。

现有的放送业机构以 NHK 与东京的民间放送机构为中心，也开发了与地面放送联动的付费点播服务。通过与 TVer 连接，拼命将观众纳入自己的付费视频发布服务中。

此外，2018 年 11 月，总务省决定修订《放送法》，是为了让 NHK 地面电视放送能够在互联网同时传送。该修正案在 2019 年通过了审议。

2020 年将实现 5G（第五代移动通信系统）的商用化。由此，更大容量、更高速的视频发布服务将成为可能。在这样的环境变化中，传统大众传媒将如何确保承担起提供公共信息的职能以及连接社会的工具作用，是一个令人深思的课题。

到目前为止，报纸与地面电视放送等传统媒体已起到了整合社会的作用。平成改元后，互联网的各种信息服务（如有线电视、卫星广播、社交网络服务、视频发布）得到了普及与渗透，并成为满足我们每个人多样化需求的信息工具。这些新媒体所提供的各种信息揭示了社会多样性，也象征着现代社会的“丰富”。

此外，进入信息传输系统的障碍已大为降低。例如，使用社交网络服务，任何人都可以轻松地将信息发送给不特定人群。在那里，国界可以轻松越过，个人能向世界各地发布信息。如此一来，电信技术的进步也似乎带来了信息传输的民主化，但无法轻易对其掌控。

另一方面，随着这些新媒体的普及与发展，也产生了相应问题即信息接触定制。媒体用户仅选择符合自身喜好的信息，而对与本人毫无直接关系但对于同一社会中应该共同理解的信息却愈加远离。

这样的媒体接触变化导致媒体的社会整合功能下降，反而导致促进社会分化的情况增多。

另外，通过互联网提供给不特定人群的信息服务，容易借助大数据分析获取用户偏好，其商业价值也随之增加。不断积累的用户偏好数据又使互联网能提供更符合用户期待的高刺激内容。但是，传统媒体所特有、所肩负的社会责任、公共性、公益性准则强加于互联网媒体服务，还不够成熟。

在如此情况下，如“假新闻”一词所象征的，甚至倾向于不顾客观性、合理性、真实性，丢弃对特定人群不适合的某一层信息。可以肯定的是，传统媒体所承担的新闻主义功能、反映不同观点的声音并加以讨论的功能已被忽略。

随着互联网在我们社会生活中的普及、渗透以及通信放送障碍的消失，传统大众媒体的社会存在意义可能会被质疑。

扩展阅读书目

音好宏、多频道放送研究所编:《大众媒体融合时代的到来——“内容至上主义”观众“选择”的媒体是什么?》,Satemaga BI,2016年。

多频道放送研究所对企业经营者、观众和听众等开展调查,本书以此为基础分析媒体环境的变化、使用行动模式的变化,以及视频配信服务的发展。

日本民间放送联盟研究所编:《网络的与放送媒体》,学文社,2018年。

随着网络环境的升级,社交媒体发展、视频配信普及到底给播放媒体造成了什么影响,本书中法学、经济学、社会心理学、媒体论、新闻理论等各领域研究者对此开展近距离的分析与探讨。

藤竹晓、竹下俊郎编:《图解日本的媒体(新版)——传统媒体如何在网络环境下改变?》,日本放送协会,2018年。

通过丰富的数据图解媒体的真相。本书首版于1980年,此后不断更新数据再版,最新版发行于2018年11月。读者能够从中追踪平成媒体的演变过程。

第七讲
平成自由主义的消长与功过

◎ 北田晓大

✤ 对平成而言自由主义是什么？

关于“平成”的自由主义与社会性，由于笔者并非选举与政治方面的专家，很遗憾手中没有 2017 年选举相关数据，能够展开的内容也相当有限。而作为接受写作邀请的笔者的自身考量，“自由主义”一词只不过在 30 年前被一些学者使用过，或许以民主党政权诞生为契机渗透到了一般的言论空间；随着其渗透，指代对立政治立场的“自由主义”概念是否会成为不可思议的存在呢？又或许它原本就是一个与保守主义相对的概念。

在此，假设性地探讨一下“自由主义”概念，会包含相当大部分的预判。笔者曾在《现代思想》杂志发表过一篇名为《日本式自由主义是什么，又不是什么？》的杂文（青土社，2018年2月期）。另外，该文大部分内容为《Journalism》杂志所接受并以《社会自由主义有可能吗？》为题刊登出来（朝日新闻出版，2019年1月期）。不过，事实上此二文所提出的假设性探讨并不深入，而下文所谈论的内容也基本上与二文提出的差不多。

尽管属于偶然，“平成”与“自由主义”概念的作用周期似乎存在很强的联系。平成在未来或许会像魏玛时期或大正时代那样被人们所铭记。这是一段脆弱的历史转折期，“社会”被遗忘，“自由主义”代替“革新”登场，强权政府为其画上句号。好吧，这是谁也预测不到的。

笔者的构思极为简单。现代日语中，“自由主义”一词作为“保守 / 革新”组合中“革新”的代用词出现，其原因可能在于受到了美国“自由主义”（社会主义色彩淡薄）的影响。它在政治上以不同于“革新”“社会民主主义（美）”的形式进行构建，更接近欧洲的“自由主义”即“社会主义”的对立概念，也更接近经济国家概念（小政府）。从美式自由主义抽离社会民主部分所诞生的便是现代日本的自由主义。它不属于“保守 / 革新”“保守 / 自由主义（美）”“自由主义（欧）/ 社会民主主义”任何一个框架中，换言之，这是理念上的大杂烩且又模棱两可——任何国家的任何政党都如此，而目前在日本，这一概念只包含“反自民党”的内容。它令人联想到托尼 · 布莱尔的“第三条道路”，与撕下温柔假面的“新自由主义”并无区别。

✜ 遗忘“社会”

如前所述，原本自由主义派类别在日本被认为存在意义，始于民主党诞生之初的 20 世纪 90 年代后半期。在此之前，与自民党的保守对立的概念是“革新”。从“保守 / 革新”到“保守 / 自由主义”的转变中发生了什么变化呢？

2001 年，时任民主党党首鸠山由纪夫说：“左派并非民主党的理念。”随着自由党进入左翼中间派的小家庭，民主党便规定自身为与“左翼”党不同的“自由主义”政党。以“执政能力”这一不可思议的概念为代价，“社会”丧失了其含义。1996 年社会党已更名为“社会民主党”，“社会”

概念所具有的与“劳动”“工人”相关联系实质上也被淡化了。2003年民主党与自由党合并，加速稀释议会民主制中的“社会”。民主党似乎要通过淡化与工会的关系（与社会党不同）、控制公共开支的浪费（与既得利益人群不同）来显示其具备“执政能力”。民主党在几乎放弃“失去的20年”中最大问题——劳工问题情况下出发起航。

该形象的原点，笔者以为可能是诞生于1993年的细川护熙内阁，至今仍对这一鱼龙混杂的政权如何陷入迷局、政策严重倒退记忆犹新，也就在那时民主党便将规制其自身“具备执政能力”的形象固定下来。作为范例，“肯定多样性且合理提出明智政策”的美国民主党影子，在民主党政权身上是比较明显的。

20世纪90年代称得上“没有社会的自由主义”的典型代表就属比尔·克林顿总统任上了，另外英国则是90年代末上台执政的“没有劳动的工党”领袖托尼·布莱尔。两人之中，尤以布莱尔的“第三条道路”引人注目，但它是以肯定多样性的“自由”口号为基础将“社会的”色彩背景化的“左派”。2009年夺取政权的日本民主党塑造的“非自民党”形象，可以说与这类“自由主义”形象重合。

不过，民主党出于某些原因，在“与既得利益作战”的口号下，推进社会事业民营化，承袭了博得大众欢心的小泉纯一郎政权的方法论。2009年的公营事业整顿工作禁止凯恩斯主义的经济措施，比如扩大公共事业刺激经济、增加公务员人数，旨在成为以多元主义理念为基础的小政府，在经济不景气的背景下以牺牲行政管理为代价使自民党承诺提高消费税率，这实际上便标志着顾名思义的“自由主义”执政方式。当只听到消费税上调时，它似乎像是一个“大政府”的方向，但如果不是日本国债的稳定性可以预期，在通缩不振的情况下，上调消费税是一项相当难以置信的策略。

上调消费税反而使“痛苦共担”更多地强加在工人与非正规雇员身上，就“自由主义”层面而言是正确的——在保证价值多样性的同时，从稳定的财政来源中确保公共资金的抑制性及合理性支出——“社会性”恐怕不再属于类似“革新”的框架。不增加机会而只主张公平分配，这正是缺乏市场功能的自由主义的本质。尽管批评“肮脏的自民党”的利益政治这一举动本身可以理解，但依然以相当华而不实的方式承袭了自民党内部实施过的小泉内阁路线。就这样，“非左派自由主义”的大众主义造就了民主党政权。

尽管如此，笔者确实希望民主党成为可以反对自民党的“左翼”政党。然而，从补助金措施剔除朝鲜学校等来看，这是一个连党内“自由主义”共识都不存在的政党了，笔者对此忧心忡忡。这个政权甚至保证不了“自由多元主义”作为不同于市场主义的自由主义宽泛概念而存在，真是令人无能为力。即使仅限于经济政策，也仅追求使通货紧缩恶化的方向。这样，“革新”便转为“没有社会的自由主义”了，如同长着一张聪慧的、常春藤般的“自由主义”脸孔的同时期美国民主党政府一样。

社会学家市野川容孝在其著作《社会》（岩波书店，2006 年）和 2007 年发表于《论座》杂志（朝日新闻出版）的论文中，针对日本“自由主义欢欣鼓舞”警句连发，认为“政权交替能力”的前提在于小选区制问题，严厉批评无法“革新”的“自由主义”存在切除“社会性”的动向。笔者将市野川先生在《现代思想》杂志、《社会》一书提及的“社会的社会学遗忘”作为典型案例进行列举，不过他从阿马蒂亚·森的福利经济学（能力理论）讨论自由主义的可能性与局限性时，结合了旨在无条件保护自由市场与自我责任的自由主义理论，确实令人意外。但不得不说，当时的市野川先生对选举制度改革及政治局势中观念的纠缠与问题的假设是正确的。

民主党确实带来了一种不同于“革新”的“自由主义”政治理念构图。然而，此处“革新”好不容易拥有的“社会性”被完全淡化，而另一方面“公共性”（不同于“政府公共”的“公共性”）似乎成了自由主义的佐证，从而构成了讨论的理由空间。笔者在此不便详论，不过市野川所言的“遗忘社会性”则成了“自由主义”的日本式定型，“（新）公共性”作为政治口号代替“社会”使日本式的自由主义呈现具象。事实上，学术界也接受哈贝马斯的英译，在英语圈的公共性探讨风潮中“公共性”与“公共领域”等词也以模棱两可的方式广泛流传。其结果导致“没有社会的自由主义”概念空洞却又保证了某种形式的集中理解性。

民主党以“新公共”之名，以“从混凝土到以人为本”为口号，旨在实现均衡财政，却在通货紧缩时针对凯恩斯主义的应对上表现得相当软弱，尽管承袭了“革新”理念，但最终赌上执政党的命数，让自民党继承了上调消费税政策，从而蜕变为一个真正的“新自由主义”政党。

此后，民主党也未能阻止安倍晋三内阁的失控——2015年的安保法制[1]立法、森友与加计学园丑闻的爆出(2017年）、阁僚的一系列失言以及出入国管理法修订案的强行通过等。民主党不仅仅是在国会内因政治影响力不足而阻止不了失控，就连公众舆论批评安倍政府的每一次失控时，也不认为民主党或立宪民主党可以成为接任者。这一点上即便滑向愚民论，也毫无意义可言。这是一个应该冷静思考的、议会制民主主义框架下的代表制及代理程度问题。

✣ 年轻人趋于保守化？

此前进行选举时，有几篇文章引起了笔者对年轻人所支持的政党及其投票行为的关注。首先读到的是流传于社

1 安保法制为日语词汇，特指2015年9月19日凌晨参议院正式会议上自民、公明两党等多数赞成派通过的安全保障关联法案，该法案使集体自卫权的行使成为可能。在当年6月众议院宪法审查会上三位宪法学者认为其违宪，全国各地亦反对之声四起，认为其为“战争法”，民众曾在国会议事堂周边等地举行大规模抗议活动。——译者注

交网络的文章《东京大学的自民党支持率很高》。东京大学新闻社每年以新生为对象实施的一项调查显示，近年来自民党的支持率急剧上升。今年（即 2017 年）4 月的调查支持率达到 36%，是 30 年来的最高数值。当然从图 7–1 可知，确实是 30 年来的最高值，不过社交网络上有良心的左翼人士们吐槽道："东京大学的学生果然是权威主义？"而笔者对此反而悲从中来。为何左翼人士试图如此从"民意"中读取恶意呢？

图 7–1 显示得一目了然，该数据是"30 年来最高"。不过当我们回顾一下自民党支持率到 2012 年民主党政权瓦解为止的情况，细川热潮时曾一度跌破 10%，尽管此后有所回升，但在称之为大众权力化或剧场型政治的小泉政权时期却偏低，充其量只是略有增加。换言之，应该说在 20 世纪 90 年代支持率陷入低谷的自民党在小泉内阁的领导下逐渐恢复，并恢复到了 15% 左右。2013 年安倍政权的支持率与细川内阁的数值同样属于"异常值"，30 年来呈线性趋势但并不意味着自民党的支持率在增加。如果说东大学生在细川内阁时期突然站在反自民党的立场，那么也可以说这些年亲自民党（保守？）立场激增，但很难据此理解

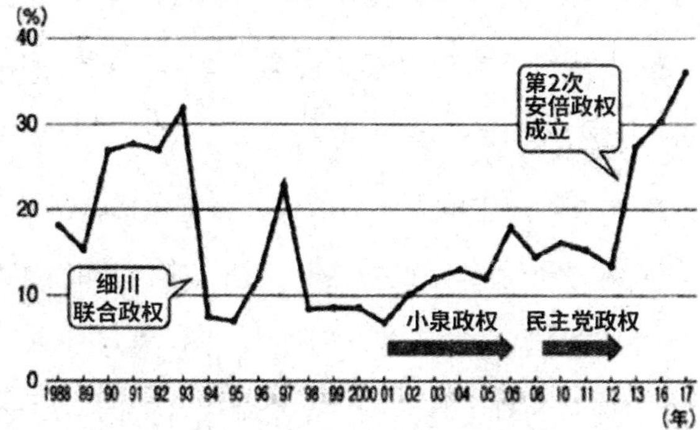

图 7-1 东京大学学生的自民党支持率演变（1988-2017）

出处：以东京大学新闻社的数据为基础写成的 BUSINESS INSIDER JAPAN 新闻报道（http://www.businessinsider.jp/post-34482）

为稳步推进的“保守化”。

不仅如此，我们还必须质疑，这是不是东大学生特有的一种趋势呢？作为对比指标，有学者分析了 20 多岁普通民众的政党支持率演变（药师寺克行《自民党在年轻人中支持率持续走高的原因——2012 年是转折点，并非保守化而是现实主义化》，东洋经济新闻在线，2017 年 10 月 31 日发布）。2013 年为 40%，2015 年下降到 30%多，2016

年又恢复到40%多的水平。即使在众议院选举投票的2017年，支持率仍约为36%。由此可见，安倍的自民党高支持率并非东大学生独有的现象。

由此，东大的各项数值反而有些偏低，只有2017年可以与20多岁年轻人的数据相抗衡。东大新闻的数据以新生为对象制作而成。去年（即2017年）的大选中，据说18、19岁选民的自民党高支持率很显眼，但即便如此，东京大学的数值也应该考虑稍微偏高一些（因为是新生调查）。2017年，30岁以下的普通民众对安倍内阁的支持率超过60%。无论怎么挑刺，都不能说东大学生对安倍内阁的支持率更高，所以仅基于几年的数据做出“东大学生属于权威主义”的推测应该避免。反权威主义往往会招来权威主义。

但也确实如此，在超短期时段自民党的支持率独树一帜，再拉长一段时间来看，作为“保守化”标准的则是爱国主义精神强大的自我意识。由总务省实施的“关于社会意识的调查”中“您认为您的爱国主义精神比其他人强，还是弱？”可以窥见中长期的趋势，关于拥有“爱国主义精神”这一点，年轻人不再体现抵触感（而是趋向持肯定态度），这也是一种事实。

当被问到爱国主义精神“与他人相比”是否更强时，这并非以民族主义进行衡量，而是一个包含着重新形成自我信念与倾向的提问（出现极端低或极端高也并不奇怪）。若这些数值代表着爱国主义与保守主义，那么年轻人确实在走向“保守化”。在图 7–1 视为转折期的 2001 年至 2017 年期间，图 7–2 针对这一爱国主义的提问将 20 到 29 岁（其中包括 2017 年 18、19 岁人群在内）及全体民众的答案趋势以每两年为单位展现了出来。

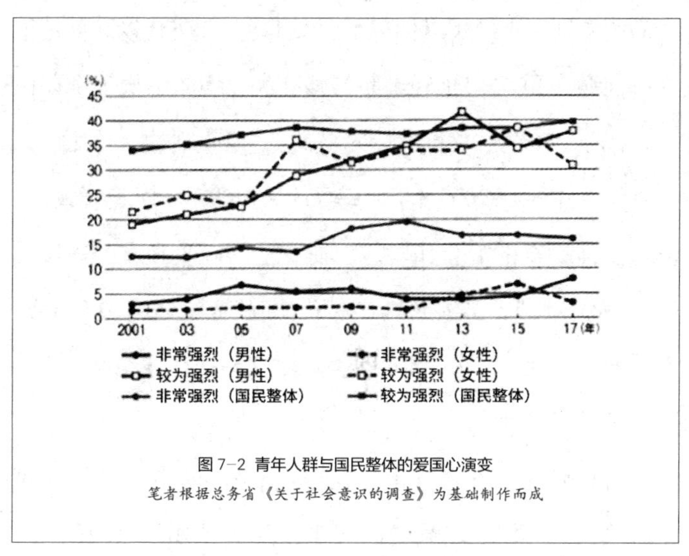

图 7–2 青年人群与国民整体的爱国心演变

笔者根据总务省《关于社会意识的调查》为基础制作而成

由此可见，无论是全体民众，还是20多岁的年轻人，答案与极右翼思想接近的“非常强烈”回答，虽不能看作像安倍政权那般极右翼立场正在增加，但显性爱国人群（“较为强烈”）在进入21世纪后出现逐渐增加的趋势。这一趋势在年轻人中比较明显。

从所有年龄段来看，到2017年为止显性爱国人群逐渐增加了5%至6%，而在20多岁年轻人中男性从19.1%增长至37.8%、女性从21.7%增长至31.3%（2015年总增长率为38.5%），加速上行。2011年之后年轻人与全体民众之间的差别越来越难以体现了。20世纪70年代以后，关于这一问题，20多岁年轻人回答强烈的比例始终低于全体民众，截至2004年，回答比较强烈与非常强烈的合计比例，一直维持在30%以下（全体民众约为50%）。无论增或减，均与全体民众的变化相对应，而并非年轻人独有的现象，直到2010年，“爱国主义的70年代体制”开始呈现瓦解趋势，而2005—2009年间“年轻人爱国主义精神往往淡薄”这一年龄偏见正在消失。

将此归咎于安倍首相是有些不合理的，这一时期横跨小泉政权、第一次安倍政权、民主党政权（鸠山、菅、野田）、第二次安倍政权，是一个渐进的趋势，因而不能归因于政党的意识形态。

是否将其称为年轻人的“保守化”，则取决于对爱国主义精神的看法（若是如此，则意味着在民主党政权执政下保守化也在提高。联系起补助金措施剔除朝鲜学校等措施就说得过去了）。

然而，正好平成 30 年间一直保持稳定的数值，进入 21 世纪后一直在逐渐增加，引起了笔者的注意。至少可以证明三点：这一数值并未因执政党改变而产生变化，也非直接受到第一次安倍政权“爱国情怀”的影响，进入 21 世纪后的增长与某些视为社会问题的变量因素有关。

在此，笔者手中并无锁定原因的相关材料，但如果年轻人对国家（或者更确切地说是祖国）开始产生积极的情感，那肯定符合自民党的意识形态。从图 7–1 可见，21 世纪以后自民党支持率变化被称为保守化也不无可能，尽管如此保守化趋势在民主党时代仍在继续，雷曼冲击期间也所受影响不大。这是一种在狭义层面上政治与经济都往往难以解释的趋势。

这类社会意识的变化还是留给专业的政治学家与计量

社会学家吧。不过，就笔者而言，从“年轻人保守化”感受到了冷战结构中所构建的“保革”对峙的极限已经出现。它并非“保守 / 革新”对立层面的“保守化”，而是应该从不同的角度对这一现象进行分析。应该深究的是命名为“保守化”那个分析视角本身。

✤ 政治图景构造的转变

有一项研究由于与2017年大选相关，具有很强的话题性。

读卖新闻社与早稻田大学现代政治经济研究所于2017年7月3日至8月7日共同开展调查，《中央公论》（中央公论新社）在2017年10月期刊登了以此为基础所写成的论文，由当时供职于高知大学的远藤晶久教授、武藏野大学的三村宪弘教授、武藏野大学的山崎新讲师合作完成，名为《民意调查所见的世代间断层》。

其中显示，年轻人对政党意识形态的掌握已达到了不同于评论界等所言的“保守 / 革新”“保守 / 自由”的水平。70岁以上人士依然维持“保革”构造，认为自民党、日本维新会属保守派，民进党、共产党属自由派，但“18至29岁的年轻人”认为“最保守的政党是公明党，无党派、共产党、民进党其次，中间地带为自民党，日本维新会属于自由派”（上述论文52页）。这并非只有20多岁年轻人才有的趋势，“只有50岁以上的选民认为日本维新会比共产党更为保守”，“保守—自由层次的政党对立认知在40多岁到50多岁之间选民产生了断层”（同前53页）。

这样的认知从可靠的研究方法中得出，尽管其解释不尽相同，但接下来将以各世代对上文“自由”“保守”概念所赋予的不同意义为前提进行探讨。

共产党是“保守的”，维新是“自由的”，恐怕政治学上的保守主义或自由主义已不合适，无法运用到现实中了。虽感叹年轻人混淆政治概念，但教导他们也应有理性启蒙的态度，说教毕竟还是说教。所以，首先思考这些概念如何使用能说得通。

第一，“自由”本身在民主党诞生之初就取代“革新”开始指向一种政治立场，后来有可能转变成“排除既得利益与法规”这一表述的原义“自由主义”（liberalism）了。

“自由”（liberal）一词，用来描述“非保守、非自民党”

大众政党，与迄今为止工会意图相辅相成的“社会”（social）性政党（社会党、社民党）并存。不过，只有表示自民党“官僚一体化”的“金钱腐败政党”形象时才有意义。自民党的如此形象与社会性的污名被清除后，以经济界、官僚及工会这样的“既得利益群体”为假想敌的日本版“自由主义”就此诞生。窃以为，这是假设以美国共和党（保守派）与民主党（自由派）所组成的对抗为政治轴心，但缺乏对美国国情的充分思考而直接进口引用，第一步就出错了。

在此避开详细介绍，正如各位所知，美国的“自由/保守”对抗逻辑在历史发展进程中产生了某种程度的颠倒。南北战争时期，当林肯试图维持联邦制并赢得胜利（解放奴隶也是借口之一）时，联邦维持（大政府）统治着工业相对发达的北方，这是北方自由主义者所希望的，因而形成了共和党的支持基础。另一方面，民主党得到了南方的奴隶制支持者们，并采取了拒绝“拥有奴隶自由”与“不受联邦政府干预”的方向性措施。换言之，共和党与民主党之间的竞争，粗略而言，代表着建国精神“自由”的两条道路（大政府、积极主义自由/小政府、消极主义自由）的冲突，就现在而言，共和党似乎更有“平民自由”。

即使在南北战争之后，民主党继续以南方为据点，在城市构建集票组织（领头集权的机器且不怎么样）来与北部的“建制派”（establishment）进行对抗，重大转折点是罗斯福总统（民主党）在 1929 年大萧条后所采取的新政。新政类似于凯恩斯经济学思想（两人并不相熟），但联邦政府以财政刺激为主开展大规模的经济改革，与之相结合的是从未在美国实施过的社会保障政策。

民主党作为南部保守派的堡垒，花了相当长的时间才转变成欧洲式的“社会”，[1]在名义上被公认为与“保守派”冲突的“自由派”政党。另一方面，共和党反而成为接受消极主义的政党，随着时间的流逝，转身以“保守（古典自由主义）”为立场。

尽管议员水平存在不一，不过社会性（或价值多元）的要素被自由主义所继承；非干涉自由主义则是共和派的志向——现在这样的大致思维逻辑在罗斯福新政后逐渐固定下来，尤其对他人宽容与对价值多元化重视（与自我指导）被肯尼迪与约翰逊的“伟大社会”计划等视为前提。而从

1　只要选民不变，在实际的集票中南部总是民主党的票仓，南部在 1950 年没有参议院议员，仅两名众议院议员（会田弘继《追踪美国的思想家们》，新潮选书，2008 年，第 69 页）。

骨子里就讨厌“社会”的共和党总统尼克松与里根则早已表明了其战旗指向。

引入“自由主义”来取代“革新”时，日本认为它是与扎根地方、具有宗教倾向的共和党对立的都市政党形象，比代表北方政党的共和党清廉宽容；而它则拥有象征“对弱者与多元文化主义的亲和力”形象，与满是金钱与利益的自民党形成鲜明对比。“没有失业，重振强大经济”，“停止浪费税金，实现公正透明的政治”，“创建具有‘独立性’的、充满活力的地方社会”，“让儿童、老年人、女性等任何人都能舒适工作、生活的社会”，“建立一个守护国民生命与健康的强大社会”——民主党的宣言打出了如此干净、公正、透明的“自由主义”形象。

然而，不能否认的是这些镜花水月存在一定程度的走样。民主党上台执政后，着手的第一件事便是“挥霍税金”，即社会事业甄别工作。为了平衡财政预算以减轻子孙后代的负担，大棒一挥将公共事业视为“假想敌”。在忧虑通缩长期化的过程中，这样的接力棒最终传递到了野田佳彦手中。

此外便是妖魔化公务员了。民主党将其视为日本最优秀智囊——“霞关”[1]的既得利益者，从而削减公务员的人事开支，推进公共部门的分拆。此举并非美国目前的“自由主义”，反而在经济政策方面，与共和党右翼派系或夸张地说与“新自由主义”相当接近（原本日本公务员的人口比例就极低。在具有一定规模的国家中非常低，远不及美国或韩国）。

日本的自由主义将美国自由主义中的社会性、对公共人力资源的投资去除，采纳其中宽容的多元化社会思想。这一部分理念也是从去除社会性的“革新”那里继承而来的。社会性别平等、多元文化主义、历史意识、无障碍、非自我责任论、冲绳基地搬迁问题、对修改宪法持相对谨慎态度——所有这些价值观都由“革新”所继承，且均为应该受到尊重的价值观，但反而又都是自“革新”以来的“传统”左翼思想。日本民主党是一个自由经济政策与左派思想结合的奇怪联盟。

然而，这类“自由主义”具有不同于“革新”的要素。我们倾向于通过思考布什父子与奥巴马来对比共和党与民

1 霞关是日本东京都千代田区地名，由于集中了中央各省厅的办公所在地，常常用来指代国家官僚群体。——译者注

主党，不过引发越南战争、导致古巴危机的是肯尼迪。结束越战的是尼克松，而不是约翰逊。不要忘记卡特的保守主义、克林顿对索马里的干预。换言之，在安全方面，自肯尼迪以后，两党通常都持“干预主义”的立场，对从冲绳撤离与日方左翼的和平主义也不存在争议（就连奥巴马也是如此）。

众所周知，肯尼迪与马丁·路德·金牧师合作，其原因在于伯明翰悲剧事件所代表的一系列问题不断发生，在国家安全方面迫使联邦政府对此作出回应。很难说他与民权运动本身存在融合的地方（与林肯、小石城中学案中的艾森豪威尔属于同一类型）。

此外，关于经济政策，无论是积极财政还是消极财政，保护主义还是全球化，实际上共和党与民主党并未统一起来，“视情况而定”才比较公平。但在社会保障方面，毫无疑问民主党相对活跃（不过比尔·克林顿政权使驴象之争更加复杂，是某种意义上的“革新”）。

作为“革新”的新标签，从美国借来的“自由主义”，其一部分与日本《宪法》第9条所规定的和平主义存在分歧，另外也有其他“革新”原则与“自由主义”理念相抵触。

不仅在社会侧面，在理念水准上“革新”与“自由（美国）”之间也存在差异。高举干预主义的美国自由主义派支持跨太平洋伙伴关系协定（TPP），就世界霸权而言，正是因方向性错误导致其在方向上与老布什之后摆脱孤立主义的共和党没什么不同。

实质性政策的部分亦是如此，媒体形象的设定以“革新”继任者的自由主义对峙保守的自民党为前提，却陷入了奇妙的混乱状态。感叹年轻人滥用“自由主义”之前，日本有必要跳出保革对峙的框架来审视一下进口进来的“自由主义”的奇怪身份。

对年轻人而言，自由主义这一术语可能反映为“试图改变某些事物的人们”，而保守的定义则反映为“具有传统价值观的人们”。若是如此，破坏既得利益（保守主义）的小泉话语便像民主党一样，用大声叫喊着打倒“易于理解”的象征性敌人来推进改革；安倍的自民党鲜明展示了与通缩战斗的姿态，并以“基于现实的安保体制”为目标——这些在“改变某些事物”的意义上显得不那么保守，而是继承了“革新”处理传统社会问题的课题。而经济政策毫无建树、安全保障又继承1955年体制的民主党、民进党、共产党却显得“保守”起来，奇怪的是也并不难以理解。

这样的思维方式，对那些熟悉德法的“自由/社会”、美国的“自由/保守”、日本的“革新/保守”等政治学术语的人而言，甚为异样，也确实不同于学术表达（但类似地，将共产党称为“自由主义”，应该也是日本共产党式的一种“错误”）。

然而，这代年轻人诞生于冷战终结后，没有日本经济会威胁美国的记忆，目前这一代人对自民党赤裸裸的派阀政治与历史认识问题都一无所知。对他们而言，安倍政权改善了默认的结构性通缩，与既得利益相关方对抗，并试图清算“未来导向”的过去，所以安倍从“改革/未来导向”来看是“自由（革新）”的；而继承“革新”传统程序的在野党看起来却是“保守”的。

“日本自由主义”是没有社会性的“革新”与理想型自由主义的折中，在程序设定上属于“保守”，即使选民受时代影响对理想型“革新”产生一定的共鸣，总体而言对自民党和公明党的“紧逼”态度也会予以一定的评价。这没什么不妥。

在读卖新闻和早稻田大学的调查中，作为影响政党支持差异的因素，抽调选出了安全保障、社会价值观（妇女的社会参与、歧视等）及减轻税收负担、强调本国利益的经济方面（作者们将其表现为平民主义基准）。仅从该调查所知，如其他民意调查所示，年轻人的政治观念非常复杂，“在安全保障方面相当于鸽派的观点重视变化，支持民进党、共产党，但鹰派选民中有重视传统的（日本维新会），也有重视变化的（公明党）”，“年轻人群的亲民进派属于鹰派，重视变化，但老龄人群属于鸽派，社会价值观持中立态度”，“年轻人群的亲民进派提倡平民主义……而老龄人群却处在完全相反的立场上”（《民意调查所见的世代间断层》58页）。从这三大因素来看，世代间在政治观念上的分歧是显而易见的。

这其中有难以解释的部分，至少“革新相当于谨慎的安保政策、多元文化主义价值观、积极的经济及再分配政策；保守相当于鹰派、承诺保障‘建立起来的传统’、经济自由主义”这样的构图已失去其作用了。

反对TPP的保护主义经济诉求，不在自民党，而是来自在野党。采取凯恩斯主义的积极财政与货币宽松政策的不是在野党，而是自民党。原本自民党在两方面都有广泛的包容性，这是由于与社会党不平衡的棘手紧张关系所具备的，并非在安倍晋三政权发生转变的。真正改变的是在野党，其招牌从“革新”换成了“自由”。

民主党政权已从“革新”获得了社会性，从“美式自由主义”去除对全球经济的积极应对及适当的成长战略，仅仅接受了“革新”的传统理念。作为“革新”的继任者，继承了将其视为“自由（日）”的中老年人群以及“作为程序保守主义的革新”，尽管对贫困感到同情，但对宏观经济政策并无浓厚兴趣，而是期望新自由主义式的“小政府”，以“消除浪费”之名继续对投资思想与新劳动力市场保持冷静。当然，民主党与共产党，可以看作进入“防御”状态的保守政党，要求服从当下的困境，读卖新闻与早稻田大学调查的结果可以说就是明证。

✤ 社会自由主义有可能吗？

再次重申，尽管如此，关键还是在于这并非意味着年轻人在社会学意义上如此保守。有关家庭政策、多样性、安保法制方面，年轻选民也并不比老一代“更接近自民党”。那么是什么与“紧逼”执政党的立场相关呢？是经济。

在NHK以18、19岁为对象的民意调查中，73%受访者表示“日本的收入差距过大”，“对于‘政治话题中最有兴趣的是什么？’这一提问，大约53%对‘就业和工作环境’兴趣最高，第二、第三位分别是‘社会保障政策’和‘经济刺激措施’”。此外，“关于社会保障与税收负担之间的关系，63.1%的人回答说：‘如果加强养老金、老年看护等社会保障，税收负担比现在更高也没关系’”，“体现了寻求高福利的趋势”（《有史以来第一次实施10多岁民意调查！青少年的真实情况是什么？》，HUFFPOST，发布于2016年11月21日）。

实际上投过票的人数是有限的，不过在朝日新闻的选举投票出口调查[1]中，对于“最为重视的政策”的回答，18、19岁列举“经济”“社会保障”的占比为28%，超过

1　选举投票出口调查，指国家与地方各级等举行公开选举时媒体机构在投票当天安排调查人员在投票出口处针对投完票的人所开展的问卷调查。目的有二，一是综合调查数据与民意调查等，预测各政党席位，设想政界新的势力范围，并进行报道；二是分析选举本身，比如无党派投票趋向、争议点与投票的关系、政党与候选人的胜因或败因等。世界最早的正式选举投票出口调查是1967年美国纽约州选举，日本最早的正式调查是1992年7月的参议院选举，有TBS、NHK、日本电视、富士电视等媒体参与。——译者注

了占比15%的宪法、安全保障。

顺便说一句，根据这一次调查，20多岁到50多岁劳动年龄人口在全体受访者中占三到四成比例；他们认为“经济、就业”排第一，与之相对的是60多岁到70多岁群体最重视“社会保障”；70岁以上群体与就业人口比例低的10多岁群体相同，在全体受访者中占比均低于三成。尽管宪法与安全保障方面代际间差异并不大，但老年人对“经济的无感”较为引人注目。（育儿援助在20多岁、30多岁分别占比18%、29%，60岁以上人群占比还不到一成，就连10多岁群体也有13%，由此可见，团块世代及其以前的人群对育儿社会化的反应较为冷淡。）

即使在反安保运动高涨的2015年，与政党支持率关系最为密切的还是经济政策（全体受访者）。与朝日新闻的选举投票出口调查综合起来看，对包括20、30多岁在内的年轻人而言，最优先考虑的问题是“经济、就业”，这一点应该可以说与成功提高应届毕业生就业率、实现工资上涨的安倍内阁支持率息息相关。这能够称为“保守化”吗？当然不是，这些年轻人在持续至今的通缩背景下作出了“自由主义（进攻、打破现状）/保守主义（保守、维持现状）”

的判断——我们只能如此考虑。

当然也有一些值得关注的数值。当共同社问到“您赞成还是反对安倍晋三首相提出的宪法修正案”时，表示赞成的女性比例在各年龄段并无显著差异（33%–38%），而10多岁到30多岁的男性则超过50%。也就是说，政治上有投票权的年轻人中，超过半数投票赞成“安倍内阁时期进行改宪”，这肯定与“革新”思想不相符。

但值得注意的是，这些数据也仅限于选择投票的人，更普遍的倾向则是“革新”的态度即“无须修改宪法”，在所有男性年龄段中以18–29岁为最高（48%）。这一比例在70多岁女性也超过38%。据推测，参加投票与否的年轻男性之间存在较大分歧。由于年轻人的投票率低，这一分歧较容易弄清楚。

关于支持率、社会调查、选举投票出口调查数值特征的差异，政治学者菅原琢提醒，有必要进行慎重思考。投票男性选民的“改宪”趋向与有选举权的男性选民的“反改宪”倾向等，正是需要关注的地方。

就某种意义而言，这些分歧之中哪些会被当作民意是分析方的自由，不过适合与支持率等相匹配的要属NHK的民意调查。最好别这么认为：年轻人中“鹰派”价值观即“反革新”价值观逐渐普遍起来。根据总务省的社会意识调查，回答具有爱国主义精神的年轻人确实有所增加，但全体受访者均是如此，因此这无法说明年轻人的“保守化”倾向。尽管说是“爱国情怀”，但与战后鹰派背负着日之丸必须成为亚洲盟主的“战争情绪”有着截然不同的内涵。

关键在于试图以“革新”的理念来理解现在的“自由主义（日）”，从而造成了不必要的混乱以及情况的误判。

如前所述，读卖和早稻田的调查涉及安全保障、社会价值、经济政策等因素，若以这三大因素（各自并非独立个体）为基础来看，自称“自由主义”的人“社会价值观偏‘革新’（民进党、共产党），但经济方面偏‘保守’（自民党），对安全保障的态度偏‘革新’，但优先考虑经济因素”；自称“保守主义”的人“社会价值观偏向‘革新’，但对安全保障的态度偏‘保守’，而重要的经济也偏‘保守’”。如果混淆“自由/保守”含义而产生问题，就要考虑与上一代所使用的“自由”与“革新”之间的区别以及“美国式自由主义、欧洲式自由主义、日本式自由主义”之间的区别，同时也必须将“日本式自由主义”作为革新的继任者而转换视角本身。

民主党自称日本的自由主义而上台执政，就其经济政策而言，试图减少公共工程、避免财政支出、降低公务员薪水，同时碰上了结构性通缩，以“从混凝土到以人为本”的名义向私营部门加大投入“社会性要素”，就这一点而言它是一种欧洲风格的自由主义，就社会价值而言接近美国式自由主义，而在安全保障方面关键在于与在野党的联手，这接近“革新”，但实际上连党内合意都未达成——一种大杂烩“自由主义”，反而更像乱扔“非自民党要素”而做成的沙拉。

继任者民进党也未改善其紧缩方向的政策。立宪民主党因政治策略的特殊性作为黑马脱颖而出，虽然首任党首用细微的声音表示“并非紧缩立场”，以“革新”“非自民党”的支持者（及知识分子）为争取对象，但遗憾的是，其支持率逐渐稳步下滑。比起期望“美国式自由主义”的人们，立宪民主党反而倾听了“革新”的声音，其结果变成了德法式“自由主义”。民意是真实的，“但是只有立宪民主党”是不会持久的。

✤ 为了“平成后”的自由主义

正如本文开头所言，笔者并非政治学者，亦非选举研究专家，因此关于选举趋势的分析有些不够到位。作为社会学者，最想强调的并非“被称为自由主义政党的迷失”，而是“平成自由主义”概念本身的迷失。

当然，美国的自由主义也并不常常具备社会性。正如町山智浩[1]所言（町山智浩的推特，参阅2012年11月4、5日），克林顿对市场有着清晰的“自由主义”观点，而强大的艾森豪威尔也并非紧缩立场派或自由市场派。

问题在于社会性别、生理两性、育儿、教育、医疗、障碍人群、移民与难民、贫困等社会价值观的现代性再提升一些，扎扎实实地在这里打下基础，同时精心排查适应经济环境的短中长期的前景展望，这并不是一种让社会萎缩的政治，而是一种社会向未来敞开（并非将眼下作为手段）的社会经济政策。这并不是为了得到“革新”派知识分子的口碑认可，而是精心挖掘人们的需求，不惜人力投

1 町山智浩，1962年出生，日本著名的旅美编辑、电影评论家。——译者注

资，为培育每一个人的潜在能力的基础平台（下层构造），创造有效需求，这就是设计“日本新政”。为了抵制安倍政府的社会价值观和安全保障政策，建立这样的“社会自由主义”尤为重要。

只要认为为了击败安倍政权可以允许牺牲经济，类似安倍的情况将继续存在下去。他正在做的是“传统”政治，这种方式以自民党为平台将超越鹰派的价值观带到了前台，其中也包括一些社会方面。修改宪法是他的夙愿——为此经济成为他的手段——首先肯定是无法实现的。其原因在于对安倍政府的支持并非仅出于其鹰派性质。而且，自民党党首出任首相，其支持率肯定很低。一旦“经济”被夺走，安倍政权的基础就不能说是坚如磐石了。

尽管移民已成为欧洲的社会问题，极右翼政党正在小幅增长（虽存在出乎意料的停滞），但另一方面别忘了诸如桑德斯、科尔宾、波德莫斯等“反紧缩左派”却在增多。日本的左派也自称自由主义，正拼命寻找安倍经济学的失败之处，紧缩政策本身也似乎已成为目的所在。只要这么做，公众舆论将继续给予支持，即使通过公投阻止安倍政权（不如说是积极财政派）。打出超越安倍经济学的经济政策、以自由主义且具有社会性的价值观为基础，只有这样才有希望。

自由派知识分子们娓娓道来，“年轻人无法像父母那代一样期待经济增长，因此对未来充满了模糊不清的焦虑”，“构建低增长但非常成熟的社会”，“日本在接收移民前不应该以经济增长为目标”，还有“每个人都思考得太少，不要从上面考虑，而是从下面看看事物，必须扩大视野与讨论范围。有必要站在海拔为零的地方进行思考了”，“当我看着年轻人时，发现他们有知识但无智慧。思考得太少”（仓本聪《未来漆黑、智慧全无》，《日刊体育》，2018年1月4日），又或有“抱歉，现在处于30多岁到45岁左右的这一代是‘日本最弱’的一代人”（内田树《日本公司该如何与年轻人打交道？——与内田树的对谈》，《日经TENDY》杂志，2013年1月24日）等等，将责任转嫁给直接遭受结构性通缩打击的“迷失的一代”[1]，若无其事地诉说着清贫的思想。而同时，自民党继续乘胜追击，通过了安保法制，达成了日韩协议，赢得了众议院大选。

1　日本“迷失的一代”（Lost Generation）指出生于1970–1982年间，泡沫经济破灭后就业困难时成人进入社会，由于包含第二次婴儿潮（1971–1974年出生）在内，人口相对较多。——译者注

坚持贯彻清贫的思想对本人而言可能是一件非常美好的事，但以此剥夺他人的未来是极不可取的。他们用花言巧语表达了“因为子孙后代将很艰难所以就……”后，就会对未来的老年人困境置之不理。出于某些原因，仅仅关注生活满意度与工作条件都较好的年轻人，而对于团块二代与“迷失的一代”则不多谈论。只要这样的态度继续下去，日本式自由主义就只能重复大杂烩状态，无法达到成熟的自由主义，无论是美国式的还是社会的。一方面，他们为年轻人的“滥用自由主义观念”而感叹，另一方面将其作为“应该被救赎的象征”。我们应该避免将年轻人作为工具来使用。

这条社会问题暗流涌动的路，与酷酷的“场景式大街道”有所不同，如果有沟渠的话，就会有狗屎、烟蒂、枯叶。在这条路上，将民众称呼为愚民是什么都不会改变的。只有当我们具备不落下任何一个的觉悟、获得精心设计的蓝图时，日本式自由主义才配得上（社会）自由主义之名。在野党似乎正齐头并进朝相反的方向发展。

※本文根据《日本式自由主义是什么，又不是什么？》（北田晓大《无尽的“失去的20年”》，

筑摩选书，2018年）与《社会自由主义有可能吗？》（《Journalism》杂志2019年1月期，朝日新闻出版）等发表的论文、谈话修改而成。

扩展阅读书目

市野川容孝：《社会》，岩波书店，2006年。

本讲屡次论及的"社会social"这一概念，与现代日语圈中被日常化使用的"社会的""社交的"（社交媒体、社交游戏等）存在完全不一样的语气。市野川大胆细腻地明确了"社交"在社会科学、思想史、政策史等领域被赋予的规范性含义。推荐本讲的论述一起阅读。

酒井泰斗等编：《概念分析的社会学》，NAKANISIYA出版，2009年；《概念分析的社会学2》，NAKANISIYA出版，2016年。

本讲仅仅从概念层面讨论了"自由主义"和"社会"糅合的状况，而本来具体探讨某种特定概念存在于何种理由与信念渊源之中的概念史、概念分析是应该开展的主题讨论。社会学的概念分析使用了什么研究方法、拥有哪些"强项"，请参照这两本书。

松尾匡、Brady Mikako、北田晓大：《是时候轮到左派聊聊"经济"了》，亚纪书房，2018年。

被称为平成的年代包裹着"自由主义"的膨胀、经济的"紧缩"，是"失去的"时代。虽有些自吹，本书从"经济"视角探讨了催生出大量失去世代的根本性问题，将那些看上去巧妙而美丽的低成长、成熟社会论陷阱作为问题指出。

第八讲 中产阶级空心化

◎ 新仓贵仁

✤ 引言——2008，东京奏鸣曲

2008年制作、发行的黑泽清导演作品《东京奏鸣曲》，从一名被告知裁员的男子拉开序幕。总务部门的职能外包给了中国，该部门的员工被视为多余人员而解雇。该男子在私营铁路沿线拥有自己的房子，与家庭主妇的妻子、两个儿子一起生活。男子在家是颇有威信的父亲，却无法告知家人自己被裁员的事实。每天假装上班，照常出门，去公共职业安定所，在公园里消磨时光。西装笔挺的男子与救济人群一起排队的场景，虽过于不切实际，但这可以说是讽刺性描绘了当时社会的焦虑。由于社会的荒废，上班族“父亲”的权威瓦解、自己的小家庭分崩离析，这部电影可能一直试图在“噩梦”层面上触及民众的意识。

2008年9月15日，雷曼兄弟破产引发金融危机，10月28日东证平均股价一下子跌破7000点。这一数值达到了自1982年以来、泡沫经济之后的最低值。“派遣村”[1]被报道出来，是在2008年12月至2009年1月的跨年。1989年平成之初，东证平均股价在同年底创出新高。“平成”始于泡沫经济鼎盛期，然后从那里跌落。

因此，“平成”被描述为“失去的10年”甚至“失去的20年”。这暗示着“平成”偏离了“本该可能在的轨道”。从高度成长到泡沫经济，其成长与成功的经验，犹如阴魂不散的亡灵。具有讽刺意味的是，我们生活在与“本就如此的社会”不同的社会中。

1　派遣村全称为“过年派遣村”，2008年受到雷曼冲击的影响，大量非正式劳动者因派遣合同遭到终止而失业（根据厚生劳动省的统计，2008年11月末达3万人，2009年2月末达15万5000人），其中又有相当多的人失去固定居住地，为此多家NPO及工会组建执行委员会，从2008年12月31日至2009年1月5日在东京都千代田区日比谷公园建立临时居住点，让这些生活困难人群能够过新年。——译者注

✤ 中产阶级空心化了吗？——格差、郊区、民族主义

讨论这样一个时代之际，本讲所提出的问题是“中产阶级空心化”。“空心化”（hollowing out）一词已用于其他社会性变化。

首先是“城市空心化”，也称为“甜甜圈现象”，是指居住地与工作场所的郊外转移使东京都中心区域居民的人数减少，人口密度变得比周围地区稀疏。1982 年《朝日新闻》的一篇文章报道了东京市中心 11 区的人口下降。高度成长时期人口从农村移动到城市。经过 70 年代的平缓期之后，人口开始从市中心流出，郊区随之扩大。在这一趋势的背后是人们对自住房的渴望。

其次是“产业空心化”，是指重要的制造基地转移到海外，这一概念自 80 年代中期以来便已登场。1985 年广场协议之后，土地价格暴涨、人力成本涨价、日元急速升值，相互交织在一起出现。2008 年《东京奏鸣曲》里的那名男子被裁员的原因在于，在通过通信技术发展建立网络的前提下企业相关业务外包给了一家中国公司。

如果我们提到“空心化”，它已用于城市和工业两个概念，那么“中产阶级空心化”便是指中产阶级本身人数在减少、被稀释及缺席。当然，这种情况似乎是整个“平成”时代的特征。其原因在于整个“平成”被反复强调“1亿中产阶级社会”（1億総中流社会）的瓦解，又反复谈到“格差社会”。冷战结束后，“格差社会”的话语已被广泛接受，用以描述全球化所带来的日益扩大的社会不平等。

在此需要注意的是，“格差社会”的话语伴随着两层意思。一是“郊区社会论”。“国道16号线”[1]“吉之岛（现在的永旺）”被象征性地视为汽车大众化与路边商店普及的标志。高度成长过后日本社会的“郊区”空间不断扩大，它被描述为单调的景观与空虚的生活意义。

另一层意思是关于“民族主义”的话语。自2000年以来，特别在互联网上，视作“民族主义”的词汇蓬勃发展，其背景在于社会不平等现象的蔓延。2006年底，“格差社会”引起广泛讨论时，赤木智弘发表了一篇引起争议的文章——

1 国道16号线，穿过神奈川县、埼玉县、千叶县三县及东京都郊区，但不进入东京都中心区域，主要连接着横滨、相模原、八王子、川越、春日部、柏、千叶、木更津、横须贺等关东地方城市，这条国道是关东最长的环状道路。——译者注

《真想揍“丸山真男”一顿——31岁自由职业。希望是战争。》（《论座》2007年第1期，朝日新闻社，2006年）。这一时期，以年轻人为中心的“右倾化”成为评论界探讨的主题之一。

不平等、郊区、民族主义这三条线的平行，也是东浩纪与北田晓大于2007年出版的《从东京思考》（NHK BOOKS，2007年）一书的副标题。随着贫富差距的拉大、郊区平庸生活的扩张，失去希望的年轻人转向了民族主义。这样的情况以一定程度的简明方式而传播开来。当然，这本书各位作者并未将上述三者联系起来，而是作为同时代的社会问题提了出来。但是，随着整个社会对三者的理解不透彻，使这三个元素就被单纯地连接起来，于是便生成上述简单的说法而流传开来。

然而，这三者之间存在紧张与矛盾。比如，格差社会理论探讨贫困的产生、财富分配不均、社会不平等的扩大，而郊区社会理论则讨论中产阶级生活方式的普遍性与陈旧性。前者强调社会差异，而后者强调社会共性。这便产生了一个简单的问题——平成时代中产阶级会消失还是会富裕？

✜ “格差社会论”的实质性

“格差社会论”内含好几股潮流。其中之一便是围绕教育的社会不平等，即阶层固化倾向。1995 年苅谷武彦已在《大众教育社会的未来》（中公新书）触及了整个教育体系的阶层固化问题。2000 年佐藤俊树撰写了《不平等社会的日本》（中公新书），以 1995 年的 SSM 数据分析[1]为基础，指出处于上层白领的职业继承率正在上升。

在以上社会不平等讨论的背景下，2004 年 11 月山田昌宏出版了《希望格差社会》，此后“格差社会”一词便频频出现于媒体。在此之前，流行的是诸如“单身寄生虫”“失败者”之类的表达。山田在该书谈论到，过去人们相信可以实现的“建立富足家庭”之梦已经破碎，人们已暴露于生活的焦虑之中，逐渐“分裂为对未来有希望与对未来感到绝望的两类人”（同书 14 页）。2005 年三浦展的《下流

1　SSM 调查，指日本的社会阶层与社会流动相关的全国性调查，以明示日本社会的开放性与平等性、开展社会构造的国际比较为目的，1955 年起由日本社会学会实施第一次调查。此后各类团体每 10 年开展调查。——译者注

社会》（光文社新书）成为畅销书。“格差社会”被选为2006年度“U-CAN新语言、流行语奖”之一。

2004年是《希望格差社会》出版之年，也是大阪近铁猛牛队发生经营困难的一年。活力门的堀江贵文提出收购球队而现身于媒体。堀江计划在东北地区建立一支新棒球队。2005年他收购了日本广播公司的大部分股份，他参选8月大选（称为邮政大选），成为时代宠儿。同时期也是六本木之丘（2003年4月开业）的新贵阶层被称为“山丘族”的时代。

杰出成功人士的涌现，另一方面社会上充斥着非正规劳动力。随着这种不对称现象受到关注、不断被报道出来，“格差社会”话语日益兴盛。这些都诉说着“1亿中产阶级社会”的崩溃。贫困阶层与富裕阶层的登场，人们意识到并排的平等性正逐渐消失。

那么，“1亿中产阶级社会”在日本社会真的崩溃了吗？

当“1亿中产阶级”的说法出现时，其根据来自“关于国民生活的民意调查”的数据（图8–1）。根据1973年的调查，针对“您认为您的生活质量一般而言处于哪个位置，来自哪里？”这一问题，结果为：上（0.6%）、中上（6.8%）、

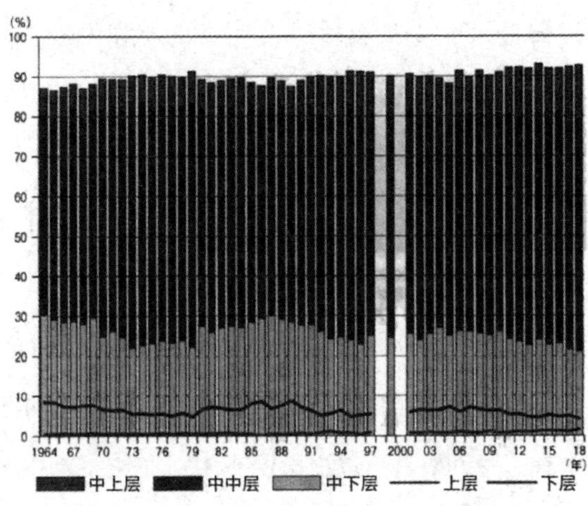

图 8-1 阶层意识的变化

笔者根据内阁府《关于国民生活的民意调查》制作而成
注：没有 1998 年和 2000 年的数据，1975 年和 1976 年是 5 月份调查的数据。

中中（61.3%）、中下（22.1%）、下（5.5%）、未知（3.7%）。“中上”“中中”“中下”合计超过九成（90.2%），因此凭借这一指标，日本是“1 亿中产阶级社会”。

“国民生活的民意调查”持续至今。2018 年的调查中，如果查看“生活质量”的结果，则可以看到上（1.6%）、中上（13.6%）、中中（58.0%）、中下（21.1%）、下（4.2%）、未知（1.4%）。如上所述，“中”的总和为92.7%，超过九成。就这些数据而言，尽管存在“格差社会”的说法，日本仍是“1亿中产阶级社会”。

21世纪头十年的不平等理论提出了各种各样贫困相关的统计数值，包括基尼系数的提高、经合组织国家之间的比较及生活保护对象家庭数量的增加等。尽管如此，在《关于国民生活的民意调查》中，人们的意识却保持不变，集中在“中间”。不过这份调查中一些数字产生了显著变化。其中之一便是“今后生活的展望”（图8–2）。“会变得更好”的回答，在经济高度成长期超过30%，平成改元后直至90年代前半期维持在近20%。但是，进入21世纪后，这一数字一直低于10%。相反，“会变得糟糕”的回答进入21世纪后已接近30%。两者的比率在20世纪90年代初发生了逆转，正值泡沫经济的破灭板上钉钉之时。

另一个有意思的变化是对当前生活的满意程度（图8–3）。自2010年以来，“满意”总数上升，“不满意”总数下降。1991年前的调查中，“仍不满意”的选项在昭和结束前留下了约30%的数值记录。这一表述，与其说是对社会或生活的抱怨或不满，似乎表达了对未来的渴望。

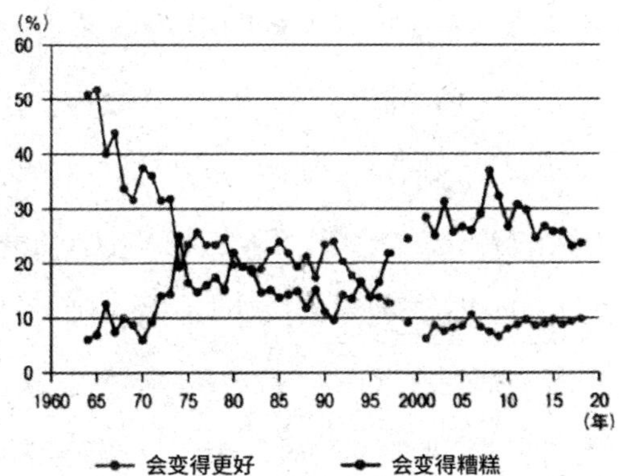

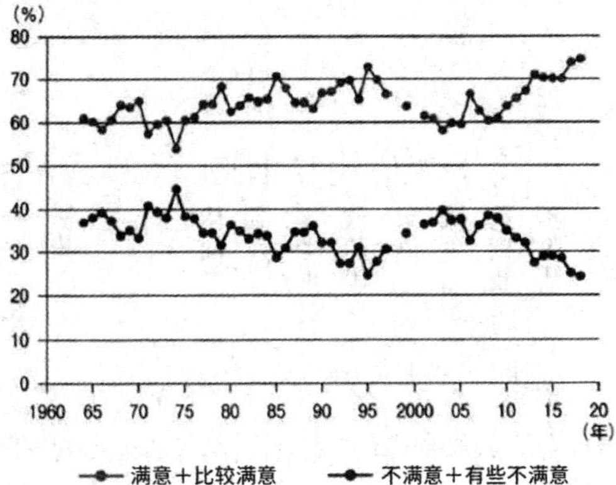

△ 图 8-2 “今后生活的展望”的变化

▽ 图 8-3 “现在生活满意度”的变化

笔者根据内阁府《关于国民生活的民意调查》制作而成
注：没有 1998 年和 2000 年的数据，1975 年和 1976 年是 5 月份调查的数据。

在“平成”，许多人保持着中产阶级意识。但对自己生活前景的担心更为强烈。另一方面，在生活上能够保持某种程度的满足。此时，所谓的“中产阶级的空心化”，只要是中产阶级人数减少，就一定与质变有关吗？这其中也包括对未来的焦虑和对生活的某种满足。如果这样的质变是“格差社会”与“1 亿中产阶级社会崩溃”的论述核心，笔者以为，与之相关的“郊区社会”与“民族主义”问题，有必要换个全新的角度进行思考。

✜ 关于现代民族主义

平成也是一个民族主义备受争议的时期。20 世纪 90 年代上半叶，新历史教科书编撰会（新しい歴史教科書を作る会）成立，世间对其批判不断。90 年代后半期，文化研究（Cultural studies）与后殖民研究被引入日本，出现了批判性探讨民族主义（例如国民国家论）的观点论述。其背景为东西方冷战的瓦解、南斯拉夫内战、欧盟的成立。然而，进入 21 世纪后，当全球化和随之而来的社会不平等上升为问题时，对民族主义批判性观点的重新质疑也开始出现。“在特会”（全称不允许享有在日特权市民会）等排外主义在21世纪头十年的后半段进一步高涨，它们被视作“新民族主义”而逐渐受到关注。

以上这些事件的背景，被认为与社会不平等与民族主义密切相关。2003年小熊英二与上野洋子合著出版了《“治愈”的民族主义——对基层保守运动的实证研究》（庆应义塾大学出版社），2006年一本名为《焦虑型民族主义时代》（高原基彰，洋泉社）的新书问世。此外，《互联网与爱国主义》（安田浩一，讲谈社，2012年）、《奇异的民族主义时代》（山崎编著，2015年）等书，也得出结论将社会不平等的扩大与排外主义的高涨联系了起来。

将焦虑与民族主义联系起来的论点非常容易理解，因为历史上已经历过。18世纪末浪漫主义问世以来，生活失去意义会招致民族主义的观点一直是思想史探讨的对象。此外，在20世纪30年代，人们在法西斯主义与超国家主义中找到了中产阶级焦虑所产生的民族主义诉求。如果民族主义在历史上具有某种程度的实体，便可解释同样的情况为何出现在现代。实际上，如果收集个人的经验来看，这样的说明在一定比例的事例中是解释得通的。

然而，现在被称为“新民族主义”的，可以说是一种“没有国家的民族主义”形式，而且使用历史上的民族主义案例来解释，具有一定局限性。首先，民族主义是一个称为“民族”的“想象共同体”，是一种想象力，旨在实现共同性。它可以是压抑个性的，不过也具有缝合社会分化的功能。但是，今天的“新民族主义”特征是针对旧殖民地的仇恨言论（本尼迪克特·安德森将其描述为种族主义）。这也与战后的民族主义不同。它呼吁通过战争踏着无数死者的尸骸实现民主与民族主义的结合。

此外，正如樋口直人在《日本式排外主义》（名古屋大学出版社，2014 年）中所指出的那样，将以上负面情绪作为“一无所有”的怨恨来思考，是存在局限性的。第一，“新民族主义”的承载者并非集中在底层，而有可能分布于不同阶层、性别、职业、教育背景。假设他们是一个碎片化、细分化的偶然性聚集群体，那么根据经验进行一般化的归纳将非常困难。

第二，作为一个更深层次的问题，可能出现另一种人类社会的形态，它不同于因缺乏资源而受到激励的人类。

焦虑与民族主义之间的联系建立以阶级秩序与个人主体为前提，而该阶级秩序在传统工业社会（即工业化社会）发展起来。但是，“新民族主义”成长于信息化社会。与此前的工业社会为主体的社会形态不同，信息技术是以横向网络构成的社会形态，所以要求其他的主体形式作为承载者。

若是如此，为了明确“新民族主义”，我们就必须考虑使之成为可能的技术。它将与重大社会变革息息相关，从促成工业社会的大规模生产技术转变到促成信息社会的技术。

✣ 郊区社会论与大规模生产技术

技术拥有组织创造社会的力量，技术问题贯穿于另一种话语——郊区社会论。“郊区”这一课题属于城市论与城市社会学。同时，“郊区”是大规模生产技术发展的助推器。

2005 年三浦展出版了《下流社会》，成为格差社会论的旗手之一。早在 1995 年便出版了《“家庭与郊区”的社会学》（PHP 研究所），1999 年出版了《“家庭”与“幸福”的战后史》（讲谈社），不断探索“郊区”这一课题。三浦关注二战前到战后的美国中产阶级生活，从列维特镇（20 世纪 40 年代后期开发的住宅聚集地）与大规模生产技术之间的关联来思考“郊区”，“所谓郊区，就是工业化的，大规模生产的街区”（《“家庭”与“幸福”的战后史》，186 页）。

“郊区”问题与大规模生产技术之间的联系，也是 1997 年小田光雄的《“郊区”的诞生与死去》贯穿始终的主题。小田注意到第一产业就业人口比例的变化，对从村庄到郊区、从村民到上班族这一战后日本社会的变化做了梳理。这其中与三浦一样，视线关注到了“美国式郊区消费社会”。小田关注国道沿线发展的商业模式，例如家庭餐厅、男装店，并论道：“路边商业与郊区社会是美国式生活方式，这无非是美国模式的引进”（《“郊区”的诞生与死去》，115 页）。由此，郊区购物中心登场，大型店铺法得到修订，特许经营业态进入日本，这些均普及了当地居民转为上班族，推动了社区体系化。

所谓郊区社会化，也称之为日本社会的汽车大众化，由汽车普及与道路维护所引起的场景变化。但是同时也是一种社会变化，由住宅的大量生产、商品的大量消费，乃至连锁店理论所显示的大规模流通所引发。换言之，所谓“郊区社会论”并非以生活单调、消费乏力为特征，而是通过大规模生产技术渗透到社会后出现的新问题。

这也涉及了家庭结构转型问题。支持高度成长期的资本逻辑将梦想自住房的核心家庭形式普遍化。梦想的强大力量支撑着“1亿中产阶级社会”的切实确定性。但另一方面资本逻辑也甚至分解了这样的核心家庭。如果追求更为高效能、高效率的生活，“单人”生活方式则成为选项之一。届时，“郊区”这一空间，“家庭”这一群体，甚至个人的身体，都没法在资本逻辑中贯穿始终，“效能即效率”形式由此登场。

✜ 新自由主义

以上“效能即效率”问题涉及了新自由主义（neoliberalism）。新自由主义通过放松管制、民营化、缩减福利，一般被认为是以小政府为目标的经济思想，重视引进市场原则与竞争原则，将市场化与金融化带入各领域。

随着诞生于“平成”的格差社会与郊区社会的到来，

日本式经营的终身雇佣、年功序列式薪金制度瓦解，大型商店因放宽管制而到处林立，传统的商店街逐渐凋敝。于是，这些社会变化引起“焦虑”弥漫，从而解释了被互联网加持的“民族主义”。格差社会、民族主义、郊区社会三者结合，其背后的核心是新自由主义。

当然，新自由主义一词在界线上模棱两可，因而使用上应该谨慎。但是，既然新自由主义是意识形态和政策的结合，就有可能涉及社会的深层变革。换而言之，它的作用改变了人们的思维构造、人们与他人和世界的关系，甚至改变了人们对自身、他人与世界的想象方式。这正是米歇尔·福柯领衔的新自由主义所拥有的强大力量。1978 至 1979 年福柯在法兰西学院课程“生命政治的诞生”中谈及新自由主义的话题。福柯认为，这是“企业”形式在社会内部普及化”“整个社会领域的经济化”。

政治哲学家温迪·布朗在《毁掉民主》（2017 年再版）中引用福柯的观点，表示新自由主义摧毁了民主的基础，无法使其存续。布朗认为，新自由主义将所有领域重组为经济性领域。在诸如治理（governance）和管理（management）等词汇的引导下，以前位于经济之外或内部的要素，例如国家与人民，都可以用“企业”来替代。又如生产率、投资回报率、信用等级和船只账目等商业术语非常自然地适用于国家活动与个人生活。另一方面，无论政策还是教育，总需要解释是否拥有值得投资的结果。社交网络上的“粉丝”“点赞”成了定义自我评价的要素。在这个世界上，我们被告知：“用投资者的眼光看世界。”

在此，我们联想到“中产阶级空心化”的另一种潜在内涵。中产阶级并不作为一个整体，而是每个人的肉体、内心及生活的“空心化”。而且，这样的空虚生活是作为量化与效率化技术的相关要素而存在的。

笔者对“自我责任”（自己責任）一词的泛滥记忆犹新。既然个体决断属于个人，那么其结果也交由个人，所有暴露在外的玩家，最终被看作量化游戏的参加者——这是“自我责任”的所指。玩家动员了所有资源与策略来完成其指标，并用评估与监察文化予以补足强化。因此，外观比内涵更重要。但这似乎颇带点讽刺意味。原本“效率”的概念是为了像秒表与电影等技术衡量人类的劳动与运动那样，随着技术的发展而产生的，是为了将迄今为止无法量化的东西量化。然而，目前只有量化的东西才被看作为“证据”，这便产生了无法参照的趋势。

进而必须强调的是，这样的“效率”技术是本讲已述的大规模生产技术的核心。此外，信息技术和商业化位于该技术的扩展范围内。“治理”的词干 govern 一词起源于希腊语“Cybernetics”，意为“舵手”。这个词用来命名詹姆斯·瓦特蒸汽机的控制系统——调速机（governor），第二次世界大战期间诺伯特·维纳进一步将其发展为控制论一词。在现代社会，“控制与通信理论”与电子计算机一起，成为贯穿人们生活和社会的原则。

✜ 民族主义的演变与信息化

第二次世界大战期间计算机问世，20 世纪 60 年代起与通信技术联系起来，并开始使用“实时处理”技术。这类系统被用于旅游业、银行、物流业，以自动取款机和便利店等的形式传播到社会。进入 80 年代，电子计算机配备图形用户界面，开始作为“个人计算机”流通于世。平成改元后，1991 年万维网开放，1995 年“ Windows 95”的销量迅速增长，“互联网”广泛进入人们的生活。进而值得一提的是，移动电话与智能手机的爆炸式增长。移动电话的家庭普及率在 1993 年仅为 3.2%，十年后将超过 90%。

正如反复强调的那样，信息技术这样的进步，由大规模生产技术的发展而来，影响着人们的生活、思想、行动。

实际上，民族主义问题也必须以此背景进行思考。马歇尔·麦克卢汉与本尼迪克特·安德森等学者谈及民族主义与印刷术之间的深层联系。两人强调，通过活版印刷生产的书籍是工业大规模生产商品的先驱。这一大规模生产技术已经创造出一个同一商品大量生产、大量流通、大量消费的社会，从纺织品、自行车、缝纫机，甚至到汽车、住宅。

另一方面，以互联网和智能手机为核心的信息技术是一种与迄今为止的大规模生产原理完全不同的生产技术。那么，它对人们的生活、思想、行为产生了怎样的影响呢？

列夫·马诺维奇在《新媒体的语言》（2013 年）强调说，计算机的巨大变化在于深入参与了文化的生产、传播、消费（60 页）。“现存的所有媒体都通过计算机转换为可以访问的数字数据。”比如，电影中，由于计算机的介入使背景与人物的合成成为可能，从而回归到接近动画的效果。

信息无论是假还是真，都作为素材收集整合。另外，还可根据预定选项添加各种效果。在新媒体时代，现实并不是记录下来的，而是被操纵、合成的对象。而且素材之间存在各种各样的联系且不断增加。只有计算机的计算、控制，才能实现这些系列操作。

信息技术，可以说早已深深介入人们的现实生活之中。当这样的文化生产、分布、消费遍及整个社会时，传统的“民族主义”方法能达成多大程度的效果呢？说得难听些，将复制而来的文本作为“思想”说出来又有何意义可言呢？

不过，更值得深思的问题是，如果将此类信息技术所带来的现实变化作进一步思考，看似异常的互联网“民族主义”与我们的现代生活，很可能在深层次共享相同的根基。互联网上，无论是无限复制话语的行为，还是作为人力资本为了提高自我投资价值试图进行24小时全天候的控制行为，可能也与信息社会所带来的社会变化存在部分共性。有些观点将新民族主义看作是一种对格差、贫困的反应，在同一阶级上想象自我与他者，幻想着生活贫困可以通过收入来挽救。但是我们是否拥有这样接受救济的意识与身体呢？

✤ 小结

第一次世界大战结束到经济高度成长期，是近现代日本社会工业化、中产阶级出现且扩大的时期。第二次世界大战后，民族主义与民主联系在一起表述。但是，随着高度成长期的落幕，人们的关注点转向拥有自住房，民族主义反而屡遭批判。此时亦是宣布“1亿中产阶级社会”建成的时期。可以说，这是一个人们生活的归属从国家转变成我家的时代。

在“平成”，约定俗成的人生轨迹模式随之消失，“中产阶级的梦想”也破灭了，人们为未来的不确定而烦恼。中产阶级怀揣着解体恐惧，诉说着“格差社会”。随着自住房梦想的消失，重返国家层面的幻想又萌生出来。而另一方面，通过发展实现大规模生产与大规模分配的技术，我们生活在一个充斥着复制品的社会中。生活本身被标准化了。这意味着许多人在以相似的模式过日子，以超过最低标准的水平经营着自己的生活。当然，千万不要忘记“相对贫困”的存在。尽管大规模生产的商品富余，且购买成本也大大降低，从这层意义上讲“中产阶级生活方式”无处不在，但这样的丰富与无处不在反而带来了生活的单调与意义的缺失。

然而，除了中产阶级的消失、生活的空虚之外，通过企业化与信息技术，人们的身体与生活比起质量，更被强调外观与程序，逐渐走向空心化。正是这样的空心化，才是平成年间新“民族主义”相关联的变故。民族主义想象力本身与印刷技术息息相关。第一次世界大战后至经济高度成长期，中产阶级与民族主义结合紧密，其原因在于社会整体引入了大规模生产技术且通过该技术进行了自我组织。但我们生活的当下，是由完全不同的媒体技术、潜在复制技术组织起来的，即互联网与智能手机的信息技术。

这样的讨论可能会被批为技术决定论。但技术本身犹如一种“商业机器”深深地与社会交织在一起，比如计算机先驱之一的打孔卡系统，深入参与公司管理的同时得到了发展。随着互联网的到来、智能手机移动终端的爆炸式增长，人们将记住“平成”。在这样的媒体技术创新中，中产阶级的生存方式将发生巨大变化。

人们通过投资来应对未来的不确定性，通过将所拥有的转化为资本来进行增值。投资永无止境，可以无限持续下去，甚至看起来像无休止的祈祷，希望得到救赎。但这也引来了与道德完全相反的要素。由于投资是用量化表示，因而产生了对数字本身进行操纵的潜在可能性。另外，社会渴求更多的图形化事物，但同时也产生了表演或粉饰行为的潜在可能性。

在整个平成时代，我们曾遇到过许多“造假”行为，抗震建筑造假、食品造假、STAP 细胞造假、财务造假，等等。这些均显示了忽视实体的不合理目标，只为达到忽视实体数值的目标。无法量化的部分，其价值将大幅度下降。各种实体活动被转换为数据，进行记录、模拟、播放。

我们参与着这样的游戏，且无法脱身。尽管如此，总感觉丢失了某些重要的东西。“平成”也许是用泄气的口吻语气才可以说得出口吧。

扩展阅读书目

山田昌弘：《希望格差社会——“失败者”的绝望撕裂日本》，筑摩书房，2004 年；筑摩文库，2007 年。

谈论贫富差距社会的书也出了几种，很多尤其以新书本、文库本这种容易入手的形式流通于世。其中，本书具有象征意义，让人特别想读。

山崎望编：《奇异的民族主义时代——对抗排外主义》，岩波书店，2015 年。

与本讲所提示的研究路径略有不同，本书大胆致力于现代民族主义的描述。因特网上的“总结性网站”历史等也很重要。

小田光雄：《“郊外”的诞生与死去》，青弓社，1997 年；论创社，2017 年。

本书论述20世纪70年代诞生的“一亿总中流社会”指郊区社会。与三浦展《“家族”与“幸福”的战后史》一起参照阅读。

列夫·马诺维奇：《新媒体的语言——数字时代的艺术、设计、电影》[1]，堀润之译，MISUZU 书房，2013 年。

本书以电影为中心，论述包括电脑在内的媒体技术登场的意义。在中产阶级全球化扩大的背景下，论述 Instagram 媒体论意义的《Instagram 与现代视觉文化》（久保田晃弘、Kiritorimederu 合译编著，BNN 新社，2018 年），对于本讲主题而言也很重要。

温迪·布朗：《毁掉民主——以新自由主义论看不见的攻击》，中井亚纪子译，MISUZU 书房，2017 年。

本书以米歇尔·福柯的新自由主义论为基础，考察当下全球化及市场化的扩张。关注福柯的“企业化”，经营学专业用语渗透日常生活的方方面面，在大卫·格雷伯《官僚制度的乌托邦》（酒井隆史译，以文社，2017 年）也有所论及。

1　该书中文版为车琳译《新媒体的语言》（贵州人民出版社，2020 年）。——译者注

第九讲　冷战瓦解

◎ 佐道明广

✜ 冷战是什么？

平成开始的1989年是冷战终结的一年。象征冷战的柏林墙于11月倒塌，美国总统老布什与苏联总书记戈尔巴乔夫12月在地中海的马耳他岛举行会谈，宣布美苏两国结束冷战。对日本而言，昭和时代的落幕与冷战终结是重叠的，这意味着对许多日本人来说一个具有特殊意义的时代已画上了句号。

在思考冷战终结对日本的影响之前，需要先了解一下全球冷战的含义及其终结的意义。冷战时期，在核武器“相互确认破坏”的恐怖背景下，避免了危险的美苏直接开战的局面，从而创造出了“长和平”（约翰·刘易斯·加迪斯《长和平》[1]，芦书房，2002年）。日本最大限度利用这一稳定的国际秩序，并成功获得了经济繁荣。这导致了日本在安全保障问题方面产生了独特的思维方式与态度，后文将进行详述。

那么，关于冷战的定义问题，首先是美苏两大超级大国对势力范围的争夺及其世界观上的对立。换而言之，冷战也是自由主义和社会主义的对立。自大萧条以来，人们对放任市场的自由经济体制怀疑越来越多，因而摸索寻求新的体制。纳粹主义与法西斯主义便是其中之一，一部分知识分子所支持的社会主义也位列其中。苏联发展成了实践革命的社会主义国家领头羊，通过20世纪20年代的计划经济摆脱了大萧条的影响，并实现经济成长，从而取得社会主义制度的“支配地位”，加强了影响力。

第二次世界大战苏联站在反轴心国阵营，与盟军并肩作战。德意日三国战败后，新的对立再现。因此，对二战后的日本而言，苏联在其安全政策方面有着尤为重要的意义。

1　该书中文版为潘亚玲译《长和平——冷战史考察》（上海人民出版社，2011年）。——译者注关于冷战另一点需要思考的是，美苏对立冲突期间，许多各类地区纷争因素被封印了起来。美苏两大联合阵营为了扩大影响范围，对各类地区问题进行干预并施加影响。为此，宗教与种族问题背景下的许多冲突得以遏制。而随着冷战的终结，不少地区被搁置的冲突开始爆发出来。

✤ 战败与“战后和平主义”的形成

冷战期间日本的特征为“战后和平主义”，其基础是厌恶军事、军队的情绪与对所有战争的否定。这可以说是从反省中诞生的，战前的军队尤其是陆军手握强大的政治权力并成为发动战争的推动力量。当然，不仅是日本，那些被战火波及的各个国家，都在战场上牺牲惨烈，对在国土荒废中迎来战败的人而言，战后陆续曝光的军部“阴谋”、惨痛的战场经历，不可避免地滋生出厌恶军事、军队的情绪。

然而，“战后和平主义”并非在战败后即刻便诞生的，而是在旧金山媾和独立之后扎根的。成立警察预备队时多数人对重整军备持肯定态度（图 9–1），而到了 20 世纪 60

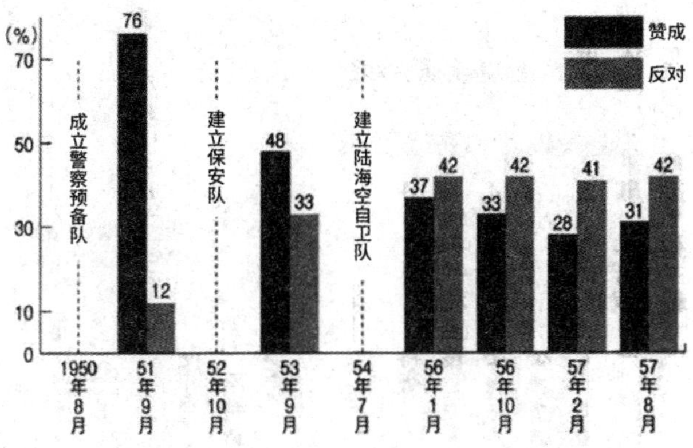

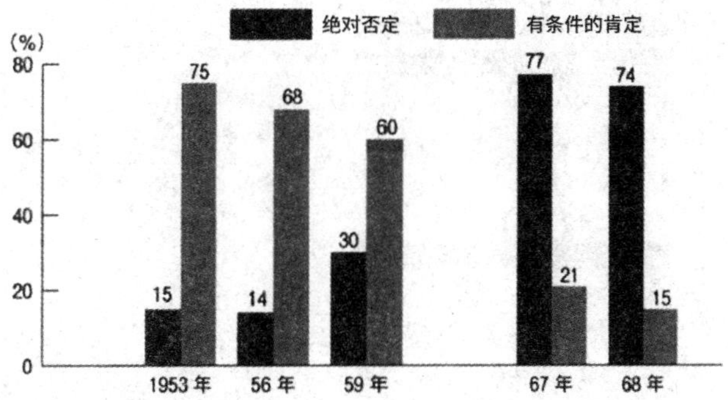

△ 图9-1 重整军备的赞成与否定

▽ 图9-2 否定战争还是肯定战争?

出处: NHK放送世论调查所编《图解战后舆论史(第二版)》,日本放送协会,1982年。

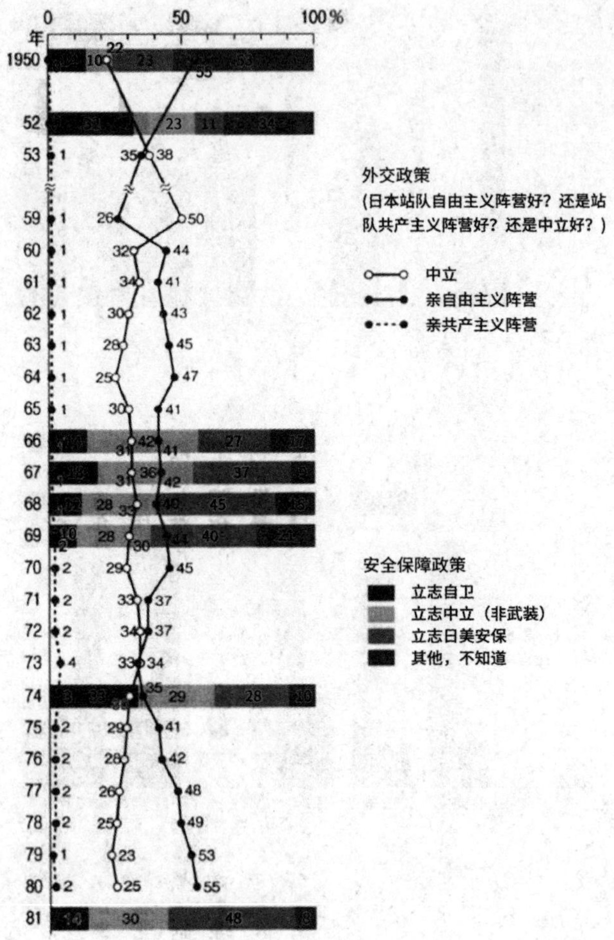

图 9-3 安全保障政策与外交政策

出处：NHK 放送世论调查所编《图解战后舆论史（第二版）》，日本放送协会，1982 年。

年代否认所有战争的意见扎根（图 9–2）。50 年代，根据《日美安全保障条约》，美国占领军以驻日美军之名正式进驻日本，日本国内掀起了反美军基地运动。另一方面，在社会党或共产党影响下，以工会为中心加上学生团体的“革新”势力，各类活动也变得活跃起来。大多学界和新闻界都站在革新的一边，舆论从日美安保的负面情绪中寻求中立，占比达到了 50%（图 9–3）。

然而，围绕安保的国内对立在 1960 年安保斗争这一高潮过后，进入 60 年代迅速平息，日本进入了经济高度成长期。然后，被称为“55 年体制”的战后政治体系也建立了起来。

“55 年体制”具有几大重要特征，其中之一便是重视国内政治的政治体制。持续保持执政党地位的自民党，在中选区制度下开展派阀政治斗争。族议员试图通过对选举地盘的利益输送达到巩固选民支持的基础，这被称为开发型政治，也有助于巩固政治体系。它不管收集不到选票的外交与防卫，而是只关注政治家与选民本身。

《日美安保条约》修订后，民众中要求修改宪法的意见不到 20%，对自卫队的支持逐渐增加，但并不希望扩大规模而是维持现状。日美安保体制与战后宪法在国民意识层面一起毫无矛盾地共存。随着日本经济发展壮大，自卫队的规模不断扩大，但它在日美安保体制下的作用并不明确，日本的安全保障依赖日美安保体制这一事实，在55年体制下被政治家与普通民众所接受。

✜ 55年体制与争议点的搁置

就日本而言，冷战的对立以国内安全问题的形式凸显出来。激进的学生运动、激进派的恐怖主义活动等，从60年代至70年代初在日本掀起惊涛骇浪。在这样的背景下，批判自卫队的势力更为活跃了，一部分人甚至无视自卫队成员及其家人的人权。最大的在野党社会党呼吁“非武装中立”，日本的安全保障议论脱离了现实。

冷战时期日本的一个特点——谈论军事成为禁忌的气氛不仅在政治界中传播，还扩散至整个社会。战后从美国引进的文官治军（civilian control of the military），在日本意味着“如何不使用自卫队”。除了救灾等民众看得到的少数活动，自卫队专注于训练，当时的防卫厅始终是自卫队的管理机构。

这一时代被搁置了两大争议点——在日美军基地问题与冲绳问题。在日美军基地问题如上所述50年代便成了日本本土极为重要的争议点。内滩斗争、沙川斗争等反美军事基地运动高涨，相马原事件中对美军的批判之声达到极致。不过，随着驻日美军地面部队大多撤出日本本土以及“关东计划”的基地调整与缩编，当地大多居民也开始忘记基地的存在了。

另一方面，冲绳在二战后也处于美国军事控制之下，50年代以“刺刀与推土机”模式占领了私有土地，从而加快了基地的建设。后来，尽管冲绳确定归还日本，但依然残存了大量美国军事基地。不仅如此，现在冲绳美军约七成为海军陆战队，驻扎日本本土的海军陆战队还被集中转移到面积仅为本土0.6%的冲绳。本土居民曾经遭受的日美安保体制的基地问题，这部分“负担”被压到了冲绳身上，导致日常生活与安保体制的背离。但另一面，冲绳的生活与日美安保体制又一直保持着近距离共存的局面。

✣ 海湾战争的冲击

冷战的终结给日本带来了什么影响？在此从三个方面进行探讨，一是国际秩序，二是日美安保体制，三是世界观对立的消失。

第一个方面是冷战结束后和平是否已经到来。从现在来看，很明显答案是否定的。但在冷战结束后，一时之间“分配和平”之类的字眼诞生，裁军的势头增强了。美国开始对扩展到世界范围内的美军进行重组，日本的防御力量也在全球裁军趋势下有所缩减。另外，冷战时期美苏对立使得联合国安全理事会陷入瘫痪，随着冷战终结联合国的职能与作用有了新的改观。

然而，1990 年 8 月伊拉克入侵科威特，对以联合国为中心的安全保障体制提出了挑战。海湾危机应对的失败，给日本留下了被称为海湾创伤的伤痕。换而言之，为了应对无法通过谈判解决的局势，联合国成立了一支以美国为中心的多国部队。但是军队一出现，处于战后和平主义状态的日本就停止了思考。二战后首次直面“军事”的回应以失败而告终。

冷战终结了，和平却未到访。南斯拉夫内战在海湾战争后陷入泥沼，非洲也经常爆发种族冲突。诸如索马里等的“失败国家”之名诞生，且反复出现海盗活动等新问题。就在联合国作用被重新评估之际，维和行动依然能够以原有的停火监测为中心继续发挥作用吗——这一问题被提了出来，并反复进行试错摸索。日本因应对海湾危机失败而被要求提供适合其经济强国地位的和平合作方法。结果，1992 年颁布《国际和平合作法》，自卫队以柬埔寨维和为目的首次出动，这是日本为实现国际和平的具体合作而采取的措施。不过，它受到维和行动五项原则的严格制约。该五项原则具体如下：

争端当事方已达成停火协议。

联合国维和部队活动区域所属国家及争端当事方已同意该联合国维和部队开展活动以及我国加入该维和部队。

该联合国维和部队不偏袒当事方的任何一方，严守中立立场。

若出现不满足上述任何一项原则的情况，我

国则保留可以退出该维和部队军权利。

使用武器基本以保护必要人员生命等为最低限度要求。若是能够确保部队驻扎的持续稳定，则实施所有安保工作及所有机动警卫时，可以使用超出自我保护及武装防护的武器。

（摘自外务省网站“联合国维和行动政策Q&A”）

我们比“如何不使用自卫队”时代向前进了一步，但使用“恐惧”一词来形容。稍后将探讨其含义。

第二个方面是失去苏联这一“假想敌”后日美安保体制的作用。既然冷战结束了，针对苏联的日美安保是否还有存在的必要，如果有，将发挥怎样的作用。

在此，日本就两大方向进行议论，即多边合作与强化日美安保。前者认为，积极参加以联合国为中心的国际和平合作活动、建立和平的国际秩序，也有助于日本本身的和平与安全。以海湾战争的失败表现为教训，日本制定《联合国维持和平行动合作法》，有了向外派遣自卫队的可能性，不仅提供财政援助，还将为国际和平提供具体合作——

对日本而言这是自然发展的方向。1994 年政府所收到“樋口恳谈会”报告书便是这一想法的象征。

不过，实际上美国也有所动作，以强化日美安保体制为优先。补充一句，该报告书对强化日美安保体制口吻并不消极，不过据说美国担心其强调多边合作的写法。之所以需要强化日美安保体制，是因为日本无法应对朝鲜核危机等不断扩大的不安定因素，而《日美安保条约》第 6 条则对此作出回应。这一点将在后文详述。

第三个方面，由于冷战与苏联、东欧政治体制崩溃直接相关，对社会主义的亲和力由此瓦解。众所周知，苏东剧变对日本“左翼”势力打击颇大。同时，长期持续的“55 年体制”也已终结，安保政策相关的政治环境也随之发生变化。

✜ 55 年体制瓦解

随着 55 年体制的终结，社会党参与到上台执政。虽然曾经提倡空想和平主义“非武装中立”，但以执政现实为前提，它在很大程度上转向了赞成日美安保、自卫队符合宪法的主张。这意味着安全保障争论中的“禁忌”消失了，从而开启了安全保障争论走向现实主义的潜在可能性。不过，实际上现实主义色彩的安全保障争论并未立即开展，而且如下文所述现在仍是有待解决的问题。

“55 年体制”时代，如上所述安全保障依赖于美国，日本对外交与安保并无任何特别兴趣，而是心无旁骛地发展起了经济。“非武装中立论”的概念讨论也是因为考虑到不存在现实的威胁而得以开展的。然而，为此也产生了被忽视的两点。一是《日美安保条约》承诺不仅为日本的防卫，也为“远东”地区的安全而存在。另一点是安保条约承诺美国保证日本的防务，作为交换条件要求日本承担为美国提供基地的义务。而后者在 1995 年冲绳成了棘手问题。换而言之，一直被搁置的“冲绳问题”引爆成争议。

1995 年 9 月，美军士兵强暴少女的痛苦事件激怒了冲绳民众，从而发展成为反美军基地运动。次年，日美两政府表现出积极推动冲绳发展的姿态，同意归还位于宜野湾市中心的普天间空军基地，当时的桥本龙太郎内阁批准冲绳自身制定的振兴计划。但是，普天间基地至今尚未实现回归，因此今后冲绳问题将继续是一个重要课题。此外，冲绳问题成为日美两国主要问题之时，也是日美同盟得到积极强化之际。

✤ 强化、深化日美同盟的意义

1992年起朝鲜核开发问题凸显出来，美国也考虑动用其军事力量，当时向日本提出合作要求，包括驻日美军基地的使用。其根据是《日美安保条约》第6条。然而，1978年日美双方达成的“日美防卫合作指针”根基是安保条约的第5条——以日本本土防卫的合作为中心。换言之，这是对日本以外地区安全保障漠不关心时代的产物，应对第6条事态的法律配置还未跟上。因此，日本无法回应美国的要求，不得不重新适应第6条事态以实现日美合作的需要。

1996年双方达成“日美安保共同宣言——面向21世纪的联盟”，其定位为日美同盟“面向21世纪亚太地区保持稳定繁荣的声明”。上一年日本通过修订“防卫计划大纲”明确强化日美同盟，1997年针对《日美安全条约》第6条双方就指导方针达成一致，日本为了将其付诸实践，1999

年制定周边事态法案。日美两国成功推进了日本本土以外的安保合作，这在冷战时期是无法想象的。

进入21世纪后，日本加入国际性反恐斗争的行列。为了应对诸如美国“9·11事件”那样的恐怖袭击，在印度洋从事补给工作。

2003年美国入侵伊拉克后，停止使用武力后，日本派遣了自卫队以支持重建。当时，尽管萨达姆政权已倒台，国家级抵抗已终止，但各地武装团体活跃，治安状况不佳，也有人担心自卫队被卷入战斗。这是一次协助同盟国美国的伊拉克出征，带有强烈的政治意味。以上两个案例表明，自卫队不仅可以在原来争端结束后的地区开展维和行动，而且可以派往继续“战斗”的地区。

✣ 安全保障局势的变化

如前所述，为了应对冷战结束后国际秩序的不稳定，日本决定积极参与资金援助以外的合作，比如派遣自卫队参与维和行动。与欧洲冷战终结后的情况相反，东亚局势

日美安保条约

第5条

各缔约国都承认，对日本控制下的领土进行武力攻击，是危害其自身和平与安全的行为，并宣誓将根据其本国宪法的规定与程序共同采取行动以应对危险。

根据《联合国宪章》第51条的规定，必须立即向联合国安全理事会报告上述武力攻击及其所采取的一切措施。当安全理事会采取必要措施以恢复、维持国际和平与安全时，必须终止此类措施。

第6条

为了促进日本的安全、维护远东的国际和平与安全，美利坚合众国被允许其陆军、空军、海军使用在日本国的设施与区域。

上述设施与区域的使用及美国陆军在日本的地位由单独的协议与其他商定的安排进行规定，从而取代1952年2月28日在东京签署的《日美安全保障条约》第3条为基础的行政协议（包括修正案）。

（下划线为作者所注）

因朝鲜核计划等，不稳定性有所增加，为此，日本加大了强化日美同盟的力度。另一方面，与日本本身直接相关的安保环境中的威胁也在增加。

朝鲜积极发展弹道导弹，1998 年发射了一颗飞越日本的导弹，对日本民众构成了威胁。1999 年日本首次下令出动海上警卫队行动，是在能登半岛海域冲针对一艘可疑的朝鲜船只；2002 年可疑船只与日本海岸警卫队的巡逻船进行交火后自我引爆沉船。2002 年日本首相小泉纯一郎访问朝鲜，导致日本人绑架事件遭到公开，使很多日本人产生了朝鲜是严重威胁的认识。

此外，越来越多的日本人感受到周边的军事威胁。事实上，如果领空可能遭到侵犯的情况下，日本航空自卫队会采取紧急措施发动战斗机，2017 年达到 1168 次，比上一年相比增加了 295 次。这是自 1958 年以来开启紧急发动次数最多的。

越来越多的民众认为日本卷入战争的危险（图 9—4）。根据内阁府世论调查，在冷战结束后不久，“有危险”与“并非没有危险”的数字变化并不大。然而，自从朝鲜发射导弹、出现可疑船只等问题以后，危机感逐渐增强。虽然 2006 年

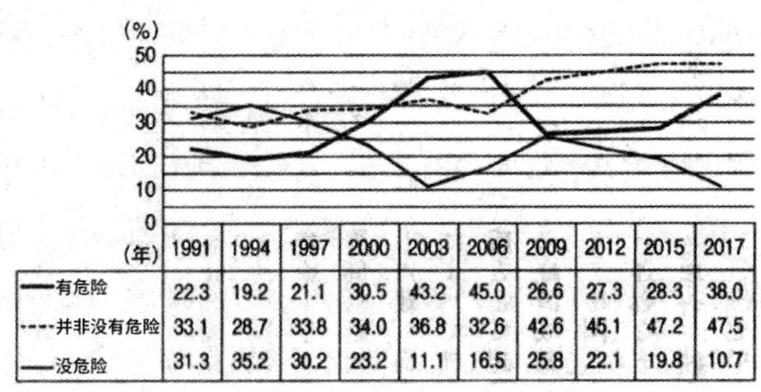

(年)	1991	1994	1997	2000	2003	2006	2009	2012	2015	2017
—有危险	22.3	19.2	21.1	30.5	43.2	45.0	26.6	27.3	28.3	38.0
----并非没有危险	33.1	28.7	33.8	34.0	36.8	32.6	42.6	45.1	47.2	47.5
—没危险	31.3	35.2	30.2	23.2	11.1	16.5	25.8	22.1	19.8	10.7

图 9-4　卷入战争的可能性

笔者根据内阁府调查制作而成

以后“有危险”的比例有所下降，但在 2017 年的调查中，多达 85.5%的人认为有危险，包括“有危险”和“并非没有危险”。而 1991 年因海湾战争和冷战后的动荡，两者表明合并后的数字为 55.4%，与此相比这是一个非常重大变化。

另外，从 1999 年到 2000 年，以周边事态法为首的立法正在着手进行，但另一方面，必须首先制定的本国发生紧急情况时应急法案的立法却被推迟了。

2000 年 3 月，自民党、自由党、公明党三党一致同意推进紧急情况应急法案的立法。4 月，首相森喜朗在所信表明演讲[1]中明确提及该应急法案，次年1月在施政方针演讲中宣布将开始探讨本国紧急情况应急法案的制定。此后，小泉内阁成立，经过“9·11事件”后，2003年6月颁布了与紧急情况（武装袭击）有关的三项法案，获得众议院90%、参议院84%的支持率。冷战时代因执政党与在野党对立国会无法进行审议，而现在发生了翻天覆地的变化。

不过，自卫队成立近半个世纪后，以本土防卫为基本任务的立法也因此在日本的安全政策方面显露出了问题。换而言之，理所当然应该先制定本国的国防立法，然后再推进国际合作活动的立法。但是日本却颠倒了顺序，无论是维和行动还是周边事态法案，均是日本本土以外的自卫队活动立法。

2004年6月，与紧急情况应急法案密不可分的“保护国民”相关法案成立。尽管无法在此详细展开，目前有关保护国民的方面问题多多，具体如何应对依然存在许多疑问。

1　所信表明演讲，指政府之首表明施政相关想法的演讲。该演讲一般在日本国会，临时国会、特别国会刚开幕时内阁总理大臣在众参两院现场实施，以当下问题为中心，向国会表明内阁的各项方针。与之相似的施政方针演讲，其内容主要是针对议会表明一年内的基本政策与政治方针，在每年1月开幕的普通国会，内阁总理大臣代表内阁在众参两院会议现场实施。——译者注

✤ 围绕自卫队的国民意识

目前，感觉到日本卷入战争危险的民众正在增加，对自卫队与防卫问题的兴趣如其他表格所示正逐渐增加（图9–5）。自卫队成立后不久，1956年的一次民意调查显示，占比58%的民众认为需要自卫队，进入60年代后超过70%，70年代约占80%，越来越多人承认了自卫队的必要性。但是，由于战后非军事和平主义的关系，冷战时期，对军事、军队持消极看法的潮流一直笼罩着日本。

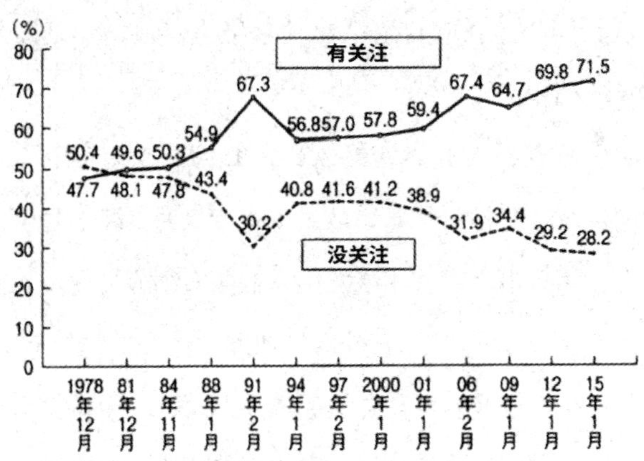

图9–5 对自卫队、防卫问题的关注

出处：2015年1月实施的内阁府世论调查

此外，尽管肯定自卫队存在的意见变得多起来，但就实际成绩与预期作用而言，比起国防，救灾更具压倒性优势（表9-1）。毕竟，自卫队的活动在民众眼中以救灾居多，存在巨大期望也很理所当然。目前，约90%的人对自卫队拥有“良好的印象”（2015年为92.2%，2015年为89.9%）。但是，就预期作用而言，以救灾为最高，约占80%（2015年为81.9%，2017年为89.9%）。顺便说一下安全保障方面的相关数据，2015年为74.3%，2017年为60.9%。

以1995年阪神淡路大地震、2011年东日本大地震为标志，近年来灾害频发，损失巨大。当时，民众经常亲眼看到或从新闻报道获知自卫队出动且努力营救，于是加大了对救灾的期望。

另一方面，新闻界始终以严苛的目光看待自卫队。冷战期间，1971年7月雫石事故、1988年7月“滩潮号事件”等自卫队相关事件事故相继发生，在核实细节之前，人们便对自卫队提出了批评。至今仍是如此，同样的情况在2008年2月“护卫舰爱宕号碰撞渔船清德丸事件”中再次出现。法院裁定，“滩潮号事件”中潜水艇与碰撞它的渔船均负有责任，而“爱宕号”事件中“爱宕号”一方无罪。尽管新闻

表 9–1 冷战期间对日本自卫队的评价 单位：%

	1963 年 6 月	1975 年 10 月	1978 年 12 月	1981 年 12 月	1984 年 11 月	1988 年 1 月
	实际成绩（预期值）	实际成绩（预期值）	实际成绩（预期值）	实际成绩（预期值）	实际成绩（预期值）	实际成绩（预期值）
救灾	80（39）	74（34）	77（33）	72.8（27.1）	80.9（31.7）	77（36.9）
国防	3（19）	8（30）	8（38）	9.3（45.4）	9.2（44.0）	9.2（44.0）

笔者根据 NHK 放送世论调查所编《图解战后舆论史（第二版）》（日本放送协会，1982 年）172 页以及内阁府世论调查为基础制作而成

界的核实功能很重要，但首先是找出事实真相查明原因。新闻界这样的报道立场正是反军事和平主义继续存在的原因。自卫队的军事作用已变得如此广泛，新闻界却仍然拘泥于冷战时代的立场是无法开展着眼于现实的讨论的。

✣ 政官军关系如何发生改变？

现在与冷战时代相比，自卫队的最大变化是除了训练以外的目的还在海外活动。在此，关键问题在于是否实现政治责任。如上所述，冷战期间是考虑“如何不使用自卫队”。由于二战前的教训，自卫队的管理是严格的文官治军，不

仅禁止任何政治活动，而且还受到防卫厅的严格管理。由此，战后日本政治与军事之间的关系可以更准确地描述为强大的官僚机构进入政治与军事之间的“政官军体制”。

不过，如上所述，冷战时期的日本政治处于“55年体制”，政治家专心于国内政治。战后和平主义思潮下开展军事相关的讨论也成了禁忌。安保与防卫原本就吸引不了票源，很少有政治家专注于此，也很少有政治家感兴趣地研究。如果在概念上进行讨论，即使结论与现实世界相距遥远，也能够在日本也被接受。

后来，冷战结束，自卫队也开始展开实际活动。随着自卫队的活动逐渐增多，2007年防卫厅升格为防卫省，国际和平合作成为自卫队的本职工作。在此介绍一下2004年苏门答腊地震为代表的国际援助活动，自卫队的活动不仅限于维和行动，还涵盖了包括国际救灾等在内的广泛领域。此外，今后预计还会作为军事组织开展活动，例如处理索马里海盗问题。自卫队不仅与美军，还与其他国家的军事组织协同行动的案例也多了起来。

为了适应此类状况，2015年安全保障体制立法启动，相对于维和行动，又增加了“奔赴救援”（駆けつけ警護）

的新任务。安倍内阁所倡导的“积极和平主义”表达了日本为稳定国际社会而努力的意愿。由此，冷战期间“如何不使用自卫队”文官治军，以“如何使用自卫队”的国际标准文官治军来替代。

那么，政治上能否应对这类情况呢？日本的国会辩论依然低调，议论仍旧局限于冷战时期的框架中。例如，当讨论上述“奔赴救援”时，“作战区域”成了争论焦点；另外，派往南苏丹部队的每日报告中出现了“战斗”字眼，又成了问题。这是因为宪法禁止战斗行为即政府在法律上定义“国家或类似组织有组织和系统地使用武力”，然后产生了现实与之背离的问题。

根据这一定义，既不是国家也不是准国家组织的恐怖组织活动，并非战斗行为，无论实施怎样的恐怖袭击，都是合法的非战斗区。于是，将恐袭地区看作战区这一批判，应该作为对法律定义的无知而予以否决。但是，非战斗区域不等于安全区域。目前，“伊斯兰国”等武装团体及与种族冲突有关的武装团体等恐怖组织，拥有强大的武装力量，在各地开展活动。若与冷战期间制定的日本法律相符而开展国会讨论，只能一味远离现实。

此外，冷战终结后持续下来的“效率化”，一方面削减预算及人员，进行重组，另一方面任务与责任不断增加，使得自卫队的应变能力已逐渐达到极限。因政府财政赤字不断扩大，自卫队预算被削减，但又不得不应对大量复杂的任务，比起防卫政策的必要性，防卫预算结构更强调只占国内生产总值的百分之几的政治和财政逻辑，且又在没有长远眼光的情况下决定增加了自卫队的职责，这样的政治性组合从而导致了自卫队疲惫的现状。

✤ 平成时代——有待完成的宪法

冷战时代日本的自卫队能够在不涉及国际安全问题的情况下为促进经济增长而活动。自卫队专注于训练，从不考虑在海外活动。自卫队是为日本本土而战，成了许多人的“常识”。有时也会遭到反军事的战后和平主义浪潮的严厉批评，但又因没有涉及其他国家的战争而不了了之，因此自卫队未出现“战死者”。自卫队至此存续了60年，尽管从未经历过实际的战斗。

然而，现在自卫队也开始在国外活动，与包括美军在内的其他国家的合作也在增加。原本受到评判的维和行动，在民众中的支持有所扩大，且有望在将来继续积极发展。由于在大规模灾难中的活跃身影，对自卫队的信任达到过去从未有过的高度。与冷战时代相比，变化实在是巨大。

民众对自卫队的兴趣日益增长、对国际事务中的危机意识高涨，意味着围绕日本的安全环境毫无疑问地在恶化。冷战时期，苏联被视为假想敌，但似乎没多少日本人会想到与之开战。但是现在，朝鲜的核武器与导弹等，增强了人们对真正威胁的认识。自卫队开展国际和平合作的同时，开始正式面对国防的根本任务。

1954 年成立自卫队 20 多年后，日本终于在冷战时期首次制定了独立的安全保障战略“防卫计划大纲”（1976）。该大纲表明了提高防御能力的基本观念，在日本的安全战略中发挥了应有的作用。冷战后分别在 1995 年、2004 年、2010 年、2013 年进行了修订，2018 年又开展进一步修订。由此可见，日本被剧烈变化的安全保障形势所迫必须迅速作出反应。换个角度而言，不断应对各种突发事件，是冷战后日本的状态。因此，无法进行根本性讨论，许多情况是对症治疗。

维和行动也是其中之一，日本的维和行动“受到传统联合国维和行动框架很大约束”，而目前最需要的“和平建设”领域参与不够到位（“国际和平合作圆桌恳谈会报告书”）。当前的维和行动“在允许使用武力方面比以前的维和行动具有更广泛的弹性”，属于“拥有强大装备与交战规则的维和行动”。有人也指出，自卫队组织上的法律模糊性与政治限制阻碍了与其他国家维和行动的顺利合作。若是真正参与维和行动，就必须从根本上改善组织的模糊性与对活动的限制。但现状则是这样的讨论在还没正式开展的情况下自卫队被授予了诸如“奔赴救援”之类的新任务。

为了加强与美国的同盟关系，日本修改了宪法解释，从而使部分集体自卫权的行使成为可能。这在冷战时期是不可想象的，说明安全环境之严峻。

美国认识到维持国际秩序有其应有的作用，但现在已不再独自承担这一作用，特朗普政府正在采取行动破坏国际政治经济秩序。可以说，制定依赖美国的安全政策时代，该在冷战结束 30 多年、平成终结之际画上句号了。

然而，现在的日本在冷战后积极参与国际和平合作，也受到冷战时期形成的法律框架与思想的束缚，根本没有进行过真正的探讨。现在正是对包括宪法在内冷战期间形成的观念与法律框架进行彻底调整的时候了。

根据各种报纸的民意调查，民众对宪法修订的意识比冷战时期的反感度要低。不过，关于如何更改它的讨论很多无法深入开展。但这是在国际秩序即将发生重大变化的现在与日本这个国家的基本方向有关的问题。换句话说，日本这个国家正在受到质疑。可以说，这是平成给下一个时代留下的功课。

扩展阅读书目

佐道明广：《自卫队史——防卫政策 70 年》，筑摩新书，2015 年。

本书论述从自卫队创建至今的日本安全保障，在日本社会对防卫问题、军事进行定位，这是一部聚焦于说明现实中自卫队活动的通史。

佐道明广：《自卫队史论——政官军民 60 年》，吉川弘文馆，2014 年。

本书概览了从警察预备队时代至今自卫队、防卫厅（省）的历史，对日本的防卫政策、自卫队相关问题开展探讨。

胜股秀通：《验证：危机 25 年——认真思考日本的安全保障》，并木书房，2017 年。

曾经负责防卫方面的记者结合自身的采访取材经验，概览了冷战结束后日本的安全保障政策。

添谷芳秀：《重新质疑安全保障——超越"宪法第九条安保体制"》，NHK 出版，2016 年。

本书追溯占领期到安倍政权时期安全保障政策的变迁，尝试开辟超越"宪法第九条安保体制"的第三条道路。

远藤诚治编：《日美安保与自卫队》，岩波书店，2015 年。

作者同时兼学者、前官僚、务实派等多种身份写出了"系列日本安全保障第 2 卷"。在日美安全保障体制的历史性演变中，明确了美国的战略、自卫队的现状等，展望力量交替中自卫队的作用将如何发生变化。

富泽晖：《反向军事论——支持和平力量的伦理》，BASILICO，2015 年。

作者原为陆上自卫队幕僚长，从熟知军事现状的立场出发，明快论述集体安全保障的重要性和 21 世纪自卫队应有的理想状态。

第十讲
美国衰退、日本漂流

◎ 吉见俊哉

✣ 21 世纪也是美国世纪吗？

20 世纪无疑是“美国世纪”。美国的全球霸权在第二次世界大战结束后至 70 年代初的冷战期间达到顶峰。另一方面，美国这一时期在世界各地部署了军事基地，并成为全球军事体制的主体。当然，那时以苏联为中心的共产主义阵营反对这种美国霸权。

此外，冷战时期，美国以杜鲁门主义为基础在政治、经济规模上支持着全世界独裁政权的“开发”政策，并将“富裕”的梦想播散至包括日本在内的许多国家。与这些国家级行为并列开展的有，由美国媒体行业商品化的大众文化

（尤其是好莱坞电影与流行音乐）通过跨国传播使得充满娱乐基调的文化霸权主义（软实力）到处活跃于世界各地。

着眼于美国霸权的复杂性，文化帝国主义论曾批评美国在战后世界中相辅相成地对经济与情报两方面使用统制力。换言之，“经济学与电子学之间的结合”代替了“铁血”，美国正因此站上顶点成为新帝国主义。自由贸易强国能够渗透并主导经济弱国的同时，全球规模交流逐渐成了美国式生活方式的输出渠道，使贫穷而脆弱的社会对其行之所往，以至于这样的社会与国家难以自主发展。正如赫伯特·席勒所言，“发源于美国的交流以展现一种生活方式为目标。产品堆积成山，成为私人的装饰品，由个人购买并消耗”。（Schiler, Herbert L., Mass Communications and American Empire, Westview Press, 1969）[1]

自 20 世纪 80 年代起，该文化帝国主义论就因其发送者中心主义而在文化人类学与文化研究中受到批评。比如，第三世界民众绝不会以发信方所想的那样来感知美国文化

1　赫伯特·席勒这本经典名著《大众传播与美利坚帝国》的中译本，可参阅 2006 年 7 月上海译文出版社的版本（译者为刘晓红），同社于 2013 年 6 月再版，将书名调整为《大众传播与美帝国》。——译者注

产业所传播的图像与文字。发信方战略及其信息在接收、感受的过程中，经常存在分歧、矛盾、对抗式机遇。但不可否认的是，直到90年代，世界各地在文化上的美国主义，与以美利坚合众国为中心的压倒性军事、经济霸权深度关联的同时，进一步再演变产出。

而且，美国文化霸权本身，其结构是多层的。一方面，佐伯启思也指出："美国是唯一成功通过其产品宣传'自由'和'平等'概念的国家。无论如何，消费品似乎看上去成了一种文化，甚至成了一个国家的象征"（佐伯，1993年）。因此，在作为"物质现代"（モノの近代）的直接性与普及性方面，美国具备了与欧洲帝国主义迥异的吸引力。在美国，平等主义、追求幸福、自由主义等各种近现代思想已在以竞争性市场经济为媒介的大规模生产体系本身中得到了具体的体现。

但另一方面，作为这一"商品"的美国，让人们感受到其异类混杂的通俗性。家用电器、私家车以及经典好莱坞电影所展示的文化性规范并不一定能够归纳在脱轨式大众文化的维度中，例如爵士、摇滚乐和综艺节目中所见的异类美国，受到了美式文化霸权主义从下而上的支持。事实上，对于许多战后日本生活的年轻人而言，如此“花哨刺眼的恶俗性”才是他们被美国所吸引的原因。从这层意义上讲，“西方即欧洲”是当初倡导“文明化”精英的知识，但别忘了，“美国”面貌的改变通常则是“来自下层”的大众流行主义屡屡先行于世。这与以下事实相关：美国首先是欧洲的“殖民地”，其文化形成实现于移民网络之中——美国因而从一开始便包含跨越“西方 / 现代”框架的要素。

综上所述，美国本身就是全球化的衍生品，通过其历史发展轨迹，具有“帝国”加“殖民地”的双重性，且这一双重性在全球化浪潮中支持该国的特权地位。实际上，美国主义的广泛流行不仅与资本主义大规模生产方式有关，也与向外移民的经历相关联。这类流动性作为其自身的根源，使美国天生便包含某种全球性。当今，在全球文化背景下，美国保持强势不仅因其文化内容，也源于文化形式位于中心位置。即使人们拒绝象征美国的单个符号，也很难拒绝构成这些符号的关系形式或规范代码。

✜ “美国梦”的内涵转变

此后，一方面由于越南战争陷入泥沼及反战意识在美国的传播，另一方面也由于德日等国工业实力已成长到凌驾于美国国内工业的程度，20 世纪 70 年代起上述的美国霸权开始出现阴影。换而言之，70 年代，美国不论在军事霸权，还是工业方面，都面临着危机，而在现有制度下，美国显然是无法跨越危机的。在尼克松大胆的国际政策转变下，美国从越南战场撤退、改善与中国的关系、转为浮动汇率制，但仅凭这些是无法使美国国内产生根本变化。不过，里根政府最终放弃了罗斯福以来的福利国家体系，拉大了贫富差距，抛弃了缺乏竞争力的穷人，令富者更富，从而大幅度转向新自由主义。

这一转变将对美国之后的历史产生深远影响。简而言之，它完全改变了“美国梦”的内涵。到 60 年代，“美国梦”渗透至美国各地并吸引了全世界的人们，它并非指少数成功成为百万富翁的人，而是指美国人的生活方式，即意味着从中产阶级至工薪阶层都能够坐拥这样的经济财富，即住在郊区的独户住宅，拥有私家车、齐全的家用电器（例如电视、冰箱、洗衣机），在周末享受休闲。到70年代，尽管种族主义依然根深蒂固，但这一“梦想”已在白种人群中实现。

70年代以后，在东部各州、加利福尼亚州等地，人们对种族主义与性别歧视的认识变得更加敏锐，也因此与南部保守地区之间拉开了显著的差距。美国经济在困难局势中选择了新自由主义，从而不可逆转地开始破坏“美国梦”的基础。制造业被日本及其他亚洲国家所取代，与此同时，在全球化的背景下，大量资本相继将生产基地逐步转移到较低劳动力成本的海外，从而抛弃了那些支持美国制造业的广大地区及其工人。他们经常将日本所带来的困境归结为“日本打击”，但导致这类变化的根本因素在于工业的全球饱和与再分配以及抛弃弱势群体的新自由主义。

80年代以后，为了振兴陷入困境的美国经济，资本投资已愈加放弃传统制造业，而专注于IT与金融等高利润新领域。随着90年代冷战体制的崩溃，美国最终通过扩大以IT和金融为中心的全球信息网络，在某些程度上重新回到了领导全球经济的中心地位。从微软的比尔·盖茨、苹果的史蒂夫·乔布斯到脸书的马克·扎克伯格，借助IT领域的创新在短期者内创造了巨万之富，即使不如他们有名的金融工程学精英，也累积了大量财富。

由于以上的剧烈变化，90年代以后的“美国梦”就不再是踏实工作并建立与之相符的富裕而稳定的家庭，而是指通过创建风险企业，年纪轻轻就拥有庞大财富。另一方面，那些受益于旧“美国梦”的人们及其后代无法适应基础产业的快速变化，受制于前途不明的市场，常常失去自己所积累的财富，从而对黯淡的未来焦虑不安。

✜ 日本的“成功”与平成的“泡沫”

总而言之，美国在过去的30年中，亲手摧毁了支撑旧“美国梦”的自身基础，扩大其海外基地，灵活利用移民劳动力，通过抛弃国内的弱势群体，强行转换产业结构，结合信息和金融新技术，复兴整个国家的产业竞争力。这项政策必然导致国内的差距与裂痕继续扩大。重要的是，这样的结构性压力绝不仅仅影响了美国。70年代以后，对美国、欧洲、日本的压力几乎相同。总之，这些地方出现生产饱和，自1945年巨变以来，战后复兴时代一直持续着的长期繁荣已达到极限，无论是消费市场方面，还是廉价劳动力及能源的调配方面，这些国家的生产力在市场上已达到饱和状态。

让我们以稍微简化的形式进行一下确认。冷战体制下的自由主义经济已将大规模生产的技术从美国转移到德国与日本。但是，这同时也是一个生产力边际扩张、市场饱和的过程。消费社会不断重复象征性差异化策略，在一定程度上使市场饱和度获得弹性，但市场的扩张仍然有限。到了70年代，美国不用说了，就连欧洲与日本都在劳动力市场和消费市场接近增长极限。由于各产业在有限的市场开展毫无止境的竞争，不得不将利润压缩至最低。

70年代以来，针对先进资本主义国家所面临的危机，美国与日本选择了不同的道路。美国一下子从福利国家切换至新自由主义，毫不犹豫地抛弃老式工业；而日本则是政府与产业界联手，试图从厚重型工业转为高精尖产业，并在一定程度上取得成功。80年代中期，这被看作是“日本的成功”。然而，“成功”产生不了“变革”。肯定现状的基础上各产业主要部门逐渐有所改变，但整个社会依旧保持着原有的旧结构。

终于，到了80年代中期，“成功”的日本被迫对陷入“困境”的美国作出让步，1985年广场协议之后日元出现了前所未有的升值，并成为主要趋势。日元大幅升值大大削弱了其国际产业竞争力，但同时日本显然已成为“富裕”的大国，海外大规模投资的可能性也扩大了。此外，日本银行为了抑制日元升值和刺激经济而采取了低利率政策，所以企业与其费劲提高生产率、转换产业结构，不如用低利率借贷投资土地、股票、外国资产以追求利润。平成的泡沫绝非产生于贪婪人群的疯狂，而多半是一种对80年代国际经济环境不断合理处理的必然。

换言之，简化来看，增长饱和与泡沫产生是表与里的关系。70年代以来，资本主义世界经历了市场饱和，某一方国家的汇率下跌，出口竞争力增强，另一方国家的汇率上升，产业弱化，进入一种零和游戏的状态。如此一来，因较高汇率而导致工业竞争力弱化的国家不太可能采取高利率政策来进一步提高汇率。在无法轻易扩大生产的情况下，继续寻求利润的企业试图通过金融手段而非商品生产来赚钱，这便是泡沫不断产生的背景。然而，由此产生的泡沫经济不仅与实质的经济增长相异，还以产业竞争力减弱为背景，因此必然走向崩溃。

泡沫经济及其崩溃的结构性生成，既然以70年代世界经济的饱和为背景，那么将会以各种方式重复产生。毫无疑问，80年代末至90年代初在日本生成的泡沫是最高级别的，而90年代后期，美国也产生了与IT业繁荣重叠的房地产泡沫。另一方面，亚洲的房地产泡沫主要出现于90年代中期的东南亚，从而引发了1997年亚洲金融危机。然后，最糟糕的是，21世纪头十年，次级贷款等大规模投资美国房地产，最终导致2008年雷曼冲击。

原本这件事完全预料得到，比如罗伯特·布雷纳在2005年（经济崩溃前三年）说道，“全球经济下行压力的缓和不够充分，或者对抗下行压力的措施依然不足，全球经济未能产生足够的活力来解决其造成的失衡，资产价格泡沫破裂所带来的预期冲击无法缓解”，清楚预言了未来可能发生的灾难（罗伯特·布伦纳，2005年）。根据这种经验，谁能保证21世纪第2个十年世界所追求的安倍经济学与特朗普主义不是泡沫经济循环的另一种形式呢？

✣ 成为“风险”的美国

尼古拉斯·盖亚特从更全面的视角对 20 世纪 70 年代以来世界所发生的根本性转变进行了整理。根据该报告，1971 年固定汇率制度瓦解后世界经济在各国政府协调下运营，从而在原有经济秩序框架内开了个大口子。70 年代中期，许多资金流动的限制被取消，在各国政府的管理鞭长莫及的地方巨额资金越过国界到处流动。随着这股金融宽松的浪潮，金融资本迅速扩大海外融资、投机活动、新业务，尤其以美国金融资本为甚。结果，发达国家的金融机构开始在通货膨胀率高的发展中国家寻找商机，除了世界银行的开发金融与补贴之外，私人银行也向发展中国家提供高息贷款，并逐步膨胀。

当然，这样的全球泡沫经济终将破灭。1982 年的墨西哥危机便是其初次显现，随后世界各地急于发展经济的国家背负着沉重的债务而进退两难。针对这些危机，美国政府提出了一项战略——“否认多数发展中国家已经破产的基本事实”。即美国决定，为了延长债务国所具备的支付能力时长，国际货币基金组织介入其中来确保资金从债务国流向债权方，同时监测发展中国家经济的“结构性调整”。

由此，世界范围内，伴随着民营化及国有资产转让于民营、紧缩财政与放松管制，新市场随之出现，以抛弃最贫穷人群的方式不断推进精英阶层的富裕化，而原先的官僚主义国家体制走向瓦解。此外，由美国政府与国际货币基金组织牵头的国际结构性调整，最终确立起世界级大型银行与企业在全球市场上攫取利益的基础，并逐渐将发展中国家的上层也纳入该体系，从而拉开了该国的贫富差距。正如90年代流行的MBA等学历所示，美国“处于所有潮流的先列，在对外政策方面推动共识，在知识领域也强化其主导地位”（盖亚特，2002年）。

第二次世界大战后，国际框架在经济领域的解体也与政治、军事领域国际框架的重构形成了对应。70年代末以后，以撒切尔和里根政府为代表的新自由主义霸权以及伊朗革命与伊斯兰激进组织的兴起，便是已述的经济波动所产生的政治对立面。就此而言，在伊斯兰激进组织全球扩张的背景下，千万不要忽视日益扩大的经济差距、贫困与被歧视人群那日益增长的绝望感，以及激进组织针对这类人群的互助网络式渗透过程。80 年代，当高呼市场主义时，全球财富不均所伴随着的政治意识分裂和分歧，以与东西方冷战完全不同的方式开展。这绝不是“文明的冲突”，而是全球资本主义本身所助长的“冲突”政治学的延伸。

于是，在以上困难局面中，90 年代美国选择了以与联合国的关系为代表的外交立场。海湾战争中，美国为了实现自身利益最大程度地利用了联合国，不过与此同时，在没有美国的支持与批准下，多边协调不断建立起了有效的国际性框架、组织。对于联合国大多数成员国的举动，比如同意全面禁止杀伤人员地雷的禁令与建立国际刑事法院，克林顿政府起初对此热烈支持，但最终还是采取了牵制措施，拒绝签署除美国以外几乎所有国家或地区之间达成的协议。这样的单边主义完全被小布什政府所继承，他拒绝签署《京都议定书》。

✣ 对美利坚帝国反弹

当今世界，既然美国不再是历史的“领导者”，那么便成了“风险”。决定这一转变的，莫过于2001年9月11日的多发式恐怖袭击。自那时起，美国因其露骨的报复性攻击动机而自愿陷入预设好的局中。通过攻打阿富汗，美国试图以“反恐战争”这一极其简化的逻辑再次证明其主导地位。不仅如此，尽管世界上许多国家反对、一些国家不情愿以及无数民众进行反战运动，美国最终还是以大规模杀伤性武器为借口单方面向伊拉克挑起了“战争”。

的确，那一天，有史以来最强大的超级大国的物质财富与军事力量的象征，遭到了一小撮人的致命性攻击，这些人除了坚定的意志外手无寸铁。无与伦比的军事力量操控着宇宙级别的信息技术，但在潜伏于其国内那捉摸不透又杀意满满的杀手网络面前显得如此脆弱。世界贸易中心大楼倒塌的画面，无论与好莱坞电影的壮观场面存在多少程度的吻合，光美国的心脏地区如此轻而易举地从社会内部遭到攻击这一点而言，“9月11日”都是历史上前所未有的事件。

然而，9月11日绝不是无法预测的灾难。巨灾发生两天后，正如苏珊·桑塔格所言，恐怖主义完全不是针对“文明”或“自由”的“怯懦”攻击，而是一次巧妙的夺命反击，它起因于自称超级大国的美国所采取的具体行动（苏珊·桑塔格《注视这个时代的恐怖主义》，NTT 出版，2002 年）[1]。

实际上，从好些年前各方面就已指出对美国本土进行致命恐怖袭击的可能性。“9·11 事件”集中表现出来的“对美国的仇恨”来自美国领导的全球经济所带来的不平等加剧、该国利己的外交政策所带来的痛苦，并渗透至各地。

曾经，美国政府打着相同比方将苏联称为“邪恶帝国”，现在则试图将不服从自己的国家称为“无赖国家”，欲图强行对其进行封锁。自然地，这类毫不姑息的政策反而将美国以“共同敌人”的形象展现出来，从而助长了一种观点，即对抗美国压倒性气焰的唯一手段只有恐怖主义。被美国强调为“威胁”的国家受到长期制裁与轰炸，结果演变为了顽固的“威胁”。因此，美国在 20 世纪 90 年代通过其对外政策，在世界各地建立了“对美国充满敌意、危险且广袤的孤立地带”。其根源不在于“盛传的文明、宗教冲突”，而是“认识到权力不均以及缺乏政治变革手段的深刻挫败感”。因此，

1　苏珊·桑塔格这本书（『この時代に想うテロへの眼差し』）由日本独家编纂，以“9·11 事件”的“前”与“后”为主题，全书充满着矛盾、悲剧及希望，收录了“9·11 事件”发生后即刻撰写的 3 篇文章、与大江健三郎的往来书信、围绕“战争与照片”的论述等。——译者注

有人指出，如果全球没有努力寻找摆脱这一挫败感的出路，“很多人可能会付诸更为冒进、过激手段”(盖亚特，2002年)。

查默斯·约翰逊在其1999年的书中便注意到整个90年代“对美利坚帝国的反弹”正逐渐扩大。最初，“反弹”（blowback）一词曾指中央情报局人员在国外散布的谣言回流到本国，导致意想不到的效果，不过最终语义扩展并作为国际关系的术语。正如约翰逊所言，90年代每一天都报道诸如“‘恐怖分子’‘毒品之王’‘流氓国家’‘非法武器商人’之类的有害行为，而这些大多只不过是对过去美国那些行为的‘反弹’”。

这样的反弹比比皆是，有的是当时美国扶植的军人、政客，打倒了拉丁美洲社会主义政府后结果这些人为获取资金摇身变为毒品的供给方，有的则作为对美国军方空袭的报复炸毁美方民用飞机与使馆。就后者而言，“即使一部分人是恐怖分子，而在其他人眼中便自然成了自由的斗士，尽管美国政府当局指责，这类毫无理由的恐怖行为牺牲了无辜的公民，但这大多也是对美国曾经的帝国主义行动的报复”。恐怖主义分子以毫无防备的美国公民为目标，其原因在于他们知道从海上发射巡航导弹、驾驶高性能轰炸机瞄准美国士兵是不可能的（约翰逊，2000 年）。

✤ 在“美国时代”结束前

当下，从长远来看，“美国时代”逐渐走向终结是非常明显的。但美国国内的人们很难看清自己在世界上所处的位置。这就是为什么美国民众继 2000 年选择小布什之后 2016 年又选择唐纳德·特朗普为总统。这样过于明显的常识性错误不断反复，其原因在于这个国家已分裂得不可修复。只要错误愈加以糟糕的方式重复，2016 年总统大选的结果就很难说是一种脱离历史的暂时性逃逸，反而是美国走向衰落的结构性过程的一种体现。

衰落如何发生？伊曼努尔·托德认为，人口和识字率的变化，与历史的重大变化息息相关，美国在 21 世纪肯定会失去其在世界体系中的霸权地位。其结果导致 21 世纪的世界体系变得更具区域性，而非全球性。换言之，北美管北美，东亚管东亚，欧洲管欧洲，将朝着区域封闭的方向、其内部亦呈现内向化趋势。另一方面，托德说：“自由贸易与减薪导致需求停滞的趋势是不言自明的，世界经济增长率呈规律性下降趋势，越来越频繁的衰退就说明了一切。”在发达资本主义国家，无论怎样使用消费社会的花言巧语来刺激需求，实际工资的下降及对未来的不安使需求不再增加，经济增长也变得困难（托德，2003 年）。

在如此危急的情况下，“美国社会的‘帝国’转型”正在进行中。90 年代以后，美国继续扩大贸易赤字，在结构上开始依赖外国流入的资金流。这是“将美国社会的上层阶级逐渐转变为超越一国框架的帝国性社会上层阶级”的过程。作为民族国家的美国与作为帝国的美国相互撕裂，在金融与 IT 领域帝国的美国愈加繁荣，民族国家的美国便趋于劣质化、空洞化。其结果导致美国国内“成熟的民主危机”愈发明显。在特朗普政府诞生前，美国已经在很长一段时间渐渐不再是一个和平民主的国家。托德认为，90 年代以后美国所取得的进步是“带来灾难的进步、（从民主制）到寡头制的进步”。“目前民主主义已开始在欧亚大陆生根，而就在这一时期其发源地正遭受侵蚀。美国社会正逐渐从根本上变成一种不平等的控制体系”（托德，2003 年）。

以上分裂与退化削弱了美国的全球霸权。无论其军事实力具备多大的压倒性优势，美国正渐渐从世界中心缓慢撤退。霸权衰退、国内民主退潮，这正是安东尼奥·内格里与迈克尔·哈特所论及的“帝国”影子。[1]换言之，美国是这一全球性帝国秩序的政治与军事中心，但美国社会却从这一秩序中心脱离了，反而成了影子。全球资本主义由巨大的跨国公司呈网络状组合而成，从美国扩散至世界各地，与美国顶级大学所创造的精英文化相互渗透。然而，作为一个民族国家的美国，现在越来越使这一全球秩序变得混乱。美国已不再是支持当今帝国性全球资本主义最适当的载体了。

尽管如此，这个国家还是拥有世界上最强大的军事力量，也没有改变对其地位的认识。小布什与特朗普等领导人只关心自身，因此会继续否认世界与自己国家之间的决定性分裂。

1　此处指两人合著的《帝国——全球化的政治秩序》一书，中文版由杨建国、范一亭翻译（江苏人民出版社，2008年）。——译者注

✜ 平成是日本漂流的时代吗？

问题是在这一地缘政治结构的根本变化中日本所遵循的道路。从20世纪50年代末至90年代泡沫破裂，日本在东亚一直是具有压倒性优势的经济大国，同时，不仅政治上，在经济与文化上日本都将本国视为最接近美国的国家。日本的富裕表现出一种美式文化底蕴的国家富裕，许多日本人从心底深感满意。自从1945年帝国的日本分崩离析后，战后日本接近帝国的美国，通过成为其一部分，拼命避免脱离帝国的中心地位。战后日本民众亲美意识的高涨、稳定，由美国霸权的内在化所带来。日本人为了忘记过去对亚洲的暴力且同时保持优越的自我认同，就必须得到美国这一强大他者的支持。

但是，在上述的变革中，美国霸权主义衰退，日本经济实力也迅速衰落，表明这样的结构现已成为过去式。事实上，美国社会经济基础日趋恶化、霸权减弱，与之成反比的是作为一国行动的单边主义倾向更为强化。对日本而言，与其说越来越依赖美国这一庇护者，不如说美国作为统治者继续破坏其独立性的可能那一面得到强化。

即便如此，多数日本人发现除了抱团美国之外的道路，摸索起来极其令人生畏，因此我们选择了追随单边主义的行动主义。亲美意识深深植根于战后每一个日本人的思想框架中，人们无法轻易、自由摆脱这一魔咒。只要无法从这一魔咒中获得自由，日本将与逐步失去霸权的美国共命运。其结果导致日本将永远在亚洲孤立，日韩、日中，都不会像欧洲那样走上和解与合作的道路。美国在霸权衰退中不稳定而苦苦挣扎，日本一直紧随美国的脚步。然而，即便没有日美这番安排，亚洲也将继续变化。

平成始于东西冷战的终结，结束于特朗普暴政、英国脱欧以及各种社会分裂。换言之，世界级二元对抗结构的终结在 90 年代呈现出世界的一元化统合影响，但自 21 世纪头十年以后，世界的多极化趋势愈加强化。随着离心力的增强，在国内的裂痕与冲突、后真实化与煽动的推动下，美国的政治与经济动荡加剧。而日本社会原本受到很大的同质化压力，但分裂得不像美国那样明显，即便如此，“平成”依然是一个不稳定的时代，呈现出这样的时代特征——社会上的贫富差距、矛盾、离心力正在扩大。也就是说，本书所探讨的平成那些种种困难与失败，在宏观层面上以这种地缘政治结构的变化来界定。

我们将前往何处？现状是眼下所见的未来暗云密布，但日本不可能拥有摆脱长期诅咒的方法。在后特朗普时代，全球各市场的开放将会踩下刹车，各种封闭关系的强化将会在压力下得到推动。但即便如此，从资本到人员与信息的全球流动也不会就此停止。美国将以日美同盟为前提，提出所有要求，不过随着压力的加大，日本人中间也许会产生与原先亲美一边倒所不同的动向。我们意识到，美国不再是一个可靠的庇护者，为了能够在日益多极化的世界生存下去，必须克服这股巨大力量而重新调整自己的脚步，也许并不会花那么长时间。

这样的方向转变可能性会扩大，大约从 21 世纪 20 年代到 40 年代，这应该是继“平成”之后下一个历史空间。过去 20 年里，中国经济的爆炸性增长也趋于平稳，东亚不少国家一直在为长期衰退、严重的少子人口老龄化而苦苦挣扎，都在着手开创新社会形态而不断摸索。这其中，“平成”日本的经验可能会作为未来食粮而重新体现其价值所在。

扩展阅读书目

石川弘义、藤竹晓、小野耕世总编：《美式文化①～③》，三省堂，1981年。

本书将战后文化史分为三个时期，从多角度论证“美国”如何渗透进入日本的大众文化。

加藤典洋：《美国的影子》，河出书房新社，1985年；讲谈社文艺书库，2009年。

本书通过分析占领期言论空间及诸多文学作品，揭示“美国”像空气一样渗透进战后日本社会。

佐伯启思：《“美国主义”的终结》，TBS-BRITANNICA，1993年；中公文库，2014年。

本书揭示，在席卷现代世界的全球化基础上，美国主义的形成，并从思想层面展望其威力和界限。

查默斯·约翰逊：《反弹——美利坚帝国的代价与后果》[1]，铃木主税译，集英社，2000年。

世界各地原本美国挑动的行为，全反作用回美国自身且不断扩大，本书从恐怖主义袭击多发之前开始关注这些现象。

尼古拉斯·盖亚特：《21世纪也是美国的世纪吗？——全球化与国际社会》，增田惠里子译，明石书店，2002年。

本书揭示全球化进展中反美向全球扩散的原因，论及美国时代终结已不远。

伊曼努尔·托德：《帝国以后——美国体系的瓦解》，石崎晴己译，藤原书店，2003年。

本书基于人口学变化、识字率变化的长期文明史观点，预测美国时代即将终结。

1 该书中文版为罗原译《反弹——美利坚帝国的代价与后果》（生活·新知·读书三联书店，2008年）。——译者注罗伯特·布伦纳:《繁荣与泡沫——全球视角中的美国经济》[1],石仓雅男、渡边雅男译,KOBUSHI 书房,2005 年。

20 世纪 70 年代以后世界经济长期化倾向中,本书阐明了以美国为首的发达国家资本主义发生不可逆转变化的原因。

吉见俊哉:《亲美与反美——战后日本的政治无意义》,岩波新书,2007 年。

整个战后日本所维持的、稳固的亲美思想根基如何衍生出了文化崇拜,本书揭示了其底层的无意识政治如何发挥作用。

吉见俊哉:《住在特朗普的美国》,岩波新书,2018 年。

从 2017 年至 2018 年一年左右,作者在特朗普执政下混乱的美国生活,结合这一经历描述 21 世纪世界中美国面貌的改变。

1　该书中文版为王生升译《繁荣与泡沫——全球视角中的美国经济》(经济科学出版社,2003 年)。——译者注

编者、每讲执笔者简介

◎ 吉见俊哉（编者、前言、第一讲、第十讲）

1957 年生，东京大学大学院情报学环教授。东京大学大学院社会学研究科课程学分修满后退学。研究方向为社会、文化研究。著有《梦寐以求的原子能》（筑摩新书）、《后战后社会》《亲美与反美》《大学是什么》《住在特朗普的美国》（以上四类皆为岩波新书）、《“废除文学部”的冲击》《大预言》《战后与灾后之间》（以上三类皆为集英社新书），合著有《天皇与美国》（集英社新书）等。

◎ 野中尚人（第二讲）

1958 年生，学习院大学法学部教授。东京大学大学院综合文化研究科国际关系论方向博士课程毕业，学术博士。研究方向为比较政治学。单著有《自民党政治的终结》（筑摩新书）、《自民党政权下的政治精英》（东京大学出版会），合著有《民主政治与大众主义》（筑摩选书）、《公务员制度改革》《公务员人事改革》（以上两类皆出版于学阳书房）、《再见，加拉帕戈斯政治》（日本经济新闻出版社）等。

◎ 金井利之（第三讲）

1967年生，东京大学大学院法学政治学研究科教授。东京大学法学部毕业。历任东京大学法学部助手、东京都立大学法学部副教授。研究方向为自治体行政学。单著有《行政学讲义》(筑摩新书）、《自治制度》《财政调整一般论》（以上两类皆出版于东京大学出版会）、《实践自治体行政学》(第一法规）、《原子能开发与自治体》（岩波 BOOKLET），合著有《地方创生的真面目》（筑摩新书），合作编著有《振兴原子能开发受灾地的筹划方案》(公人之友社)，编著有《萎缩社会的合意形式》（第一法规）等。

◎ 石水喜夫（第四讲）

1965年生，大东文化大学经济研究所兼职研究员，原京都大学教授。立教大学经济学部经济学科毕业。研究方向为劳动经济、劳资关系。独著有《日本型雇佣的真相》（筑摩新书）、《后构造改革的经济思想》（新评论）、《现代日本的劳动经济》（岩波书店）等。

◎ 本田由纪（第五讲）

1964年生，东京大学大学院教育学研究科教授。东京大学大学院教育学研究科课程学分修满后退学，教育学博士。研究方向为教育社会学。独著有《教育的职业意义》《扭曲的社会》（以上两类皆为筑摩新书）、《摩擦社会》（河出文库）、《重新连接社会》（岩波BOOKLET）、《“家庭教育”的难关》（劲草书房）、《年轻人与工作》（东京大学出版会）、《多元化“能力”与日本社会》（NTT出版）、《学校的“氛围”》（岩波书店）等。

◎ 音好宏（第六讲）

1961年生，上智大学文学部新闻学科教授。上智大学大学院文学研究科新闻学方向博士后期课程毕业。研究方向为媒体论。担任NPO法人放送批评恳谈会理事长，众议院总务调查室客座研究员等。独著有《播放媒体的现代发展》（NEWMEDIA），合作编著有《综合战略论手册》（NAKANISIYA出版）等。

◎ 北田晓大（第七讲）

1971年生，东京大学大学院情报学环教授。东京大学人文社会研究科社会文化研究方向博士课程学分修满后退学，社会情报学博士。研究方向为社会学、媒体论。独著有《结束不了的“失去的20年”》（筑摩选书）、《制作社会的方法》（劲草书房）、《广告的诞生》（岩波现代文库）、《“意义”的抗争》（劲草书房）、《讽刺的日本“民族主义”》（NHK BOOKS）等。

◎ 新仓贵仁（第八讲）

1978年生，成城大学文艺学部副教授。东京大学大学院情报学环学际情报学府毕业，社会情报学博士。研究方向为文化社会学、媒体论。独著有《“效率”的共同体》（岩波书店），合著有《1964年东京奥运会催生出了什么？》（青弓社）、《文化社会学的条件》（日本图书中心）、《战后思想的再审》（法律文化社），论文有《城市与体育——环皇居跑生态、政治》（《iichiko》第26期）等。

◎ 佐道明广（第九讲）

1958年生，中京大学综合政策学部教授。东京都立大学大学院社会科学研究科博士课程学分修满后退学，政治学博士。研究方向为日本政治外交史。独著有《自卫队史》（筑摩新书）、《战后日本的防卫与政治》《战后政治与自卫队》《“改革”政治的混沌》《自卫队史论》（以上四类皆出版于吉川弘文馆）、《冲绳现代政治史》（吉田书店）等。

图书在版编目（CIP）数据

平成史讲义 / (日) 吉见俊哉编著；奚伶译. —上海：东方出版中心, 2021.2

ISBN 978-7-5473-1758-7

Ⅰ. ①平… Ⅱ. ①吉… ②奚… Ⅲ. ①日本－现代史－研究 Ⅳ. ①K313.5

中国版本图书馆CIP数据核字(2020)第269819号

上海市版权局著作权合同登记：图字09-2020-871号
HEISEISHI KOGI
Copyright © Shunya Yoshimi 2019
Chinese translation rights in simplified characters arranged with CHIKUMASHOBO LTD. through Japan UNI Agency, Inc., Tokyo

平成史讲义

编　　著　〔日〕吉见俊哉
译　　者　奚　伶
统筹策划　彭毅文
顾　　问　沙青青
责任编辑　肖　月
装帧设计　千巨万工作室

出版发行　东方出版中心
地　　址　上海市仙霞路345号
邮政编码　200336
电　　话　021-62417400
印 刷 者　上海盛通时代印刷有限公司

开　　本　787mm × 1092mm 1/32
印　　张　10.625
字　　数　148千字
版　　次　2021年2月第1版
印　　次　2021年2月第1次印刷
定　　价　59.00元

版权所有　侵权必究

如图书有印装质量问题，请寄回本社出版部调换或电话021-62597596联系。

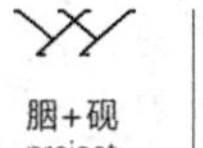

胭砚计划（按出版时间顺序）：

《天命与剑：帝制时代的合法性焦虑》，张明扬著

《送你一颗子弹》，刘瑜著

《暴走军国：近代日本的战争记忆》，沙青青著

《一茶，猫与四季》，小林一茶著，吴菲译

《摩登中华：从帝国到民国》，贾葭著

《说吧，医生 1》，吕洛衿著

《说吧，医生 2》，吕洛衿著

《我爱问连岳 6》，连岳著

《国家根本与皇帝世仆——清代旗人的法律地位》，鹿智钧著

《父母等恩：〈孝慈录〉与明代母服的理念及其实践》，萧琪著

《故事新编》，刘以鬯著

《下周很重要》，连岳著

《亲爱的老爱尔兰》，邱方哲著

《诗人的迟缓》，范晔著

《群山自黄金》，莱奥波尔多·卢贡内斯著，张礼骏译

《我爱问连岳 1》，连岳著

《我爱问连岳 2》，连岳著

《我爱问连岳 3》，连岳著

《我爱问连岳 4》，连岳著

《我爱问连岳 5》，连岳著

《看得见的与看不见的》，弗雷德里克·巴斯夏著，于海燕译

《平成史》，保阪正康著，黄立俊译

《昭和风，平成雨：当代日本的过去与现在》，沙青青著

《平成史讲义》，吉见俊哉编著，奚伶译